THOMAS THIELEMANN / KARL SCHWEISFURTH

MEIN HIMMEL AUF ERDEN

Genießen wie auf dem Lande

THOMAS THIELEMANN / KARL SCHWEISFURTH

MEIN HIMMEL AUF ERDEN

Genießen wie auf dem Lande

FOTOGRAFIE: KLAUS-MARIA EINWANGER

Inhaltsverzeichnis

Im Anfang ist das Lebens-Mittel ... 7

Spargel 8

Spargelsalat auf Kartoffeltarte mit Zitronenfilets **17**
Spargel im roten Mangoldblatt **19**
Grüner Spargel mit Zwiebel-Tomaten-Marinade **21**
Spargel-Coulis mit Artischocken **23**
Süßsaurer Spargelsalat mit Spitzmorcheln **25**

Kräuter 26

Kartoffelsalat mit Radieschen und Rauke **35**
Klare Suppe mit Kräuter-Biskuit **37**
Grüne Soße **39**
Sauerampfer-Grünkern-Risotto **41**
Kressesuppe mit Gänseblümchen **43**

Lamm 44

Lammkarree mit Meerrettichkruste **53**
Gefüllte Lammbrust auf Gemüsebett **55**
Lammfilets mit Bohnen und saurer Sahne **57**
Lammleber im Kräuternetz **59**
Lammschulter-Frikassee mit Tomaten und Estragon **61**
Lammkeule mit Pilz-Kräuter-Füllung **63**

Forelle 64

Roh marinierte Bachforelle mit Meaux-Senf und Blattspinat **73**
Forellentatar mit rohen Steinpilzen **75**
Forelle mit Lauchgemüse und Zitronen-Jus **77**
Gegrillte Forelle mit Lardo **79**

Huhn 80

Variationen von Hühnerlebern und -flügeln 89

Hühnerherzen-Confit mit Kartoffeln
und Rosenkohl 91

Gebratener Bauerngockel 93

Hühnerbrust mit Kartoffelkruste 95

Gockelkeulen auf Schmorgemüse 97

Kartoffeln 98

Gemischte Kartoffeln mit Blattspinat
und Lauch 107

Kartoffel-Wurzel-Gemüse mit Apfelessig 109

Kartoffel-Majoran-Knödel mit Champignons 111

Kartoffel-Sellerie-Tartes mit Saiblingskaviar 113

Kartoffel-Crêpinettes mit Pfifferlingen 115

Schwein 116

Schweinebäckchen in Sellerie-Portwein-Sauce 125

Schweinemett mit Senfgurken und Dill 127

Schweinebauch mit Honigglasur auf
grünen Bohnen 129

Schweinegulasch aus der Haxe 131

Apfel 132

Boskop-Äpfel mit Salatherzen
und Kürbiskernen 141

Karamellisiertes Apfelragout mit saurer Sahne 143

Apfelscheibchen mit Kresse, Schinken
und Pecorino 145

Spitzkrautpäckchen mit Apfel-Kartoffel-Füllung
und Minze 147

Apfel-Hefeteig-Krapfen 149

Wild 150

Rehschulter mit Linsen und Wurzeln 159

Zweierlei von der Wildente mit Lardo
und Pilzen 161

Hasenrücken mit Perlzwiebeln und Äpfeln 163

Wurzelgemüse 164

Passierte Steckrübensuppe mit Croûtons
und Kerbel 173

Möhren mit Lauch und Kürbiskernöl 175

Schwarzwurzelgemüse mit roten Zwiebeln
und Thymian 177

Knollensellerie mit Kartoffeln, Lachs
und Estragon 179

Rote Bete im Brotteig mit Meerrettich 181

Meerrettichgemüse mit Ochsenrippe
und Schmelzzwiebeln 183

Rind 184

Gepökelte Rinderzunge mit
rohen Steinpilzen 193

Sauerbraten mit Preiselbeeren 195

Ochsenschulter-Ragout in Rotwein 197

Ochsenhochrippe mit Schalotten
und Krustenwürfeln 199

Confiertes Rinder-Kronfleisch
mit Frühlingszwiebeln 201

Millimeter-Paillard aus der Ochsenhüfte
im Selleriegelee 203

Kohlgemüse 204

Blumenkohl mit warmer Vinaigrette
und Shiitake-Pilzen 213

Grünkohl mit Hokkaidokürbis-Püree
und Pecorino 215

Spitzkraut mit Pfifferlingen
und Petersiliencreme 217

Rosenkohl-Terrine mit Tomaten 219

Schwarzkohl mit Kartoffel-Steckrüben-Gemüse
und Räucherspeck 221

Produzenten 222

Register 223

Impressum 224

Im Anfang ist das Lebens-Mittel ...

Jahrzehntelang wurde bei der Herstellung von Lebensmitteln nach vorne gerannt, dass es schneller gar nicht mehr ging. Bei diesem Wettlauf um Masse und Quantität ging in sehr vielen Bereichen der Tierhaltung und der Pflanzenzucht der Kontakt zur Wirklichkeit, zur Natur – und, wenn man so will, zu unserem Himmel und unserer Erde verloren.

Glücklicherweise erleben wir in dieser Zeit in ganz vielen Bereichen der Gesellschaft ein Innehalten und eine Besinnung auf das Wesentliche, auf unsere Stellung in der Natur. Dies zeigt sich nicht nur in einer bewussten Hinwendung zur Regionalität, sondern auch in einem emotionalen, empathischen Blick auf die Tier- und Pflanzenwelt. Schließlich sind es unter anderem ihre Qualitäten, die uns Leben schenken, es prägen und eine entscheidende Rolle in der Ausgestaltung eines der wichtigsten kulturellen Bereiche von uns Menschen spielen – der Küche.

Nicht nur aus diesem Grund ist vielen Menschen, die sich für ökologische Lebensmittel entscheiden, deren Herkunft so wichtig. Eine langsam gewachsene Qualität, die sich in einem dem jeweiligen Produkt angemessenen Umfeld entfalten durfte, mit viel Raum auf gesunden, humusreichen Böden mit regelmäßiger Fruchtfolge von verschiedenen Pflanzen, – sie ermöglichen die Entstehung von authentischem Geschmack, einem hochwertigen Gehalt und nicht zuletzt auch (endlich) wieder die Möglichkeit eines emotionalen Bezugs zu unseren Lebens-Mitteln. Wir fühlen uns schließlich sicherer und besser, wenn unsere Fleisch und Fisch, unsere Eier, unsere Milch und unser Käse, unser Gemüse und unser Obst von Menschen und aus Gegenden kommen, die wir kennen und schätzen. Alle Bio-Landwirte, die die Herrmannsdorfer Landwerkstätten beliefern, bringen Tag für Tag Himmel und Erde zusammen: Sie beherrschen nicht nur ihr jeweiliges Handwerk der naturnahen und liebevollen Aufzucht und Hege ihrer Tiere und Pflanzen, sondern arbeiten in, mit und für die Natur. Denn eines unserer zentralen Anliegen ist das Zusammenspiel einer sorgfältigen Tierhaltung auf erstklassigen, ökologisch bewirtschafteten Böden. So bleiben die Nährstoffkreisläufe erhalten und aus dem Boden können immer wieder neue, wertvolle Früchte für Mensch und Tier entstehen.

Wachstum innerhalb der Gesetzmäßigkeiten der Natur und Entschleunigung sind deshalb wichtig, wenn nicht gar die zentralen Gebote der Zeit. Letztlich geht es tatsächlich nur um Zeit, wenn wir eine moderne Herstellung von Lebensmitteln unter Berücksichtigung traditioneller und regionaler Wurzeln anstreben. Jedes Ding braucht Zeit, um zu reifen und seinen echten Wesenskern zu entwickeln. Kühe und Schafe müssen deshalb in Ruhe ihr Gras und ihre Kräuter fressen dürfen, Schweine im Boden nach Schnecken und Wurzeln wühlen und Hühner nach Samen und Würmern scharren. Und sie müssen wachsen dürfen, in ihrem naturgegebenen Tempo und in ihrer Zeit, und sich ihres Lebens freuen. So erst werden die Tiere stark und gesund, ihr Fleisch bekommt seinen typischen Geschmack und eine ganz besondere Konsistenz. Milch, Käse und Eier werden wieder zum authentischen Abbild der Region, in der sie hergestellt werden. So sichert die Erhaltung regionaler Produkte die Bewahrung unserer kulturellen Identität.

Alles Gute wünscht Ihnen

Spargel

Das »königliche Gemüse« wird taufrisch kurz nach Sonnenaufgang geerntet. Mehrmals am Tag geht es dann hinaus, denn Spargel schmeckt nur frisch besonders zart.

Vorsichtig bahnt sich ein Spargelkopf den Weg ans Licht.

Ein guter Spargelstecher erfühlt die Stange erst, bevor er sie freigräbt.

EIN BESUCH BEI GERHARD KÜGLER IN PÖRNBACH

Spargel – ein königliches Gemüse

Wer Spargel mag und ihn direkt vom Erzeuger beziehen will, hat in mitteleuropäischen Landen vielfältige Möglichkeiten. In naturnahen Flusslandschaften, an Auwälder angelehnte Regionen oder in allgemein sandigen, nicht zu schweren Böden gedeiht dieses Liliengewächs. Asparagus officinales, so seine botanische Bezeichnung, leitet sich von dem griechischen »spargan« ab und bedeutet so viel wie »Sprossen«. Weltweit gibt es rund 130 Arten.

EINE SPARGELREGION STELLT SICH VOR

Im Landkreis Pfaffenhofen im nördlichen Oberbayern im Paartal beginnt das Schrobenhausener Spargelland, wo auch die Familie Kügler ihre Spargelfelder bewirtschaftet. Sobald die Saison beginnt – das ist je nach Wetter Mitte April – stehen die ganze Familie und ihre Helfer auf dem Feld. In Pörnbach beginnt die Ernte sogar immer ein paar Tage früher als in anderen Schrobenhausener Spargelgebieten. Hier ist der Boden sehr sandig und nicht zu schwer und erwärmt sich dementsprechend früher bis auf etwa 16 Celsius – das ist der Startschuss für die Spargelbauern. Jetzt sind die ersten Risse im Spargelhügelbeet erkennbar und die ersten Spargelspitzen erblicken das Licht der Welt. Bis zum 24. Juni, dem Johannistag, wird nun tagesfrisch geerntet. Ein Fest für Feinschmecker und Liebhaber der »Frühlingsluft in Stangen«. Um den Verbrauchern höchste Qualität und Produktsicherheit zu garantieren, wurden für den Schrobenhausener Spargel sogar eigene Qualitäts- und Prüfrichtlinien erlassen.

ERST DER BODEN MACHT DEN GESCHMACK

Dabei wurde der Spargelanbau in dieser Region erst relativ spät eingeführt. 1913 begann ein aus der rheinhessischen Spargelstadt Groß-Gerau stammender Bauer mit der Spargelkultur. Erst in den fünfziger Jahren etablierte sich der Spargelanbau großräumig. Seither gibt es neben dem bekannten Beelitzer, Nienburger, Schwetzinger oder Walbecker Spargel auch diese vorzügliche bayerische Variante.

Nach der Ernte wird der Spargel gewaschen, geschnitten, gebündelt und nach Güteklassen sortiert.

Heute stellt das Schrobenhausener Anbaugebiet über ein Drittel der bayerischen Anbaufläche dar. Denn die Landschaft im Paartal mit ihren offenen, leicht nach Süden und Südwesten geneigten Flächen bietet die optimalen geografischen und geologischen Voraussetzungen für den Anbau der kostbaren Stangen. Der aus Quarzmineralien bestehende, mehr oder weniger kalkfreie Tertiärsand mit Schluff- und Lehmanteil ist typisch für die Böden zwischen der Gegend um Aichach bis in die Hallertau. Er bringt einen ausgezeichneten Spargel hervor, mit einem ungemein kräftigen und leicht nussartigen Aroma. Denn das Geheimnis des besonderen Geschmacks jeder Spargelsorte ist immer der Boden, in der sie wächst.

HEILMITTEL UND DELIKATESSE

Spargel wird auf allen Kontinenten angebaut und das schon seit Tausenden von Jahren. Vermutlich stammt er aus den Salzsteppen und sandigen Meeresdünen Osteuropas sowie Vorder- und Mittelasiens. In China war Spargel schon vor 5000 Jahren bekannt. Als kulinarische Kostbarkeit galten die grünen Stangen im alten Ägypten, wie Fresken in Grabkammern belegen. Im Griechenland der Antike war der wilde, grüne Spargel hoch geschätzt. Hippokrates, Urvater aller Ärzte, erwähnte lobend die heilkundliche Wirkung des kräftig-herben Gemüses. Die erste nachweisliche Kultivierung von Spargel findet allerdings erst zur Römerzeit statt.

Im 10. Jahrhundert berichten Klosterschriften dann vom Spargelanbau in Mitteleuropa. Im 16. Jahrhundert war der Spargelanbau immerhin schon in England und Frankreich verbreitet. König Ludwig XIV., der prunkliebende »Sonnenkönig« der Franzosen, schätzte das feine Gemüse über alle Maßen, was dem Spargel zu seinem aristokratischen Beinamen verhalf. Mitte des 16. Jahrhunderts wurde grüner Spargel auch im Lustgarten des Stuttgarter Schlosses angepflanzt und erfreute sich am baden-württembergischen Hof großer Beliebtheit. Der Siegeszug des noblen Gemüses war von diesem Zeitpunkt an unaufhaltsam. Zu Beginn des 17. Jahrhunderts war Spargel in Mitteleuropa weitverbreitet, allerdings nach wie vor als kostbare Spezialität, die sich allenfalls Adelige oder gut betuchte Bürger leisten konnten.

OB WEISS, OB GRÜN, OB VIOLETT …

In Deutschland liegen die Präferenzen heute eindeutig bei weißem Spargel mit seinem besonders milden Geschmack. Spargelanbau und -ernte sind ein äußerst arbeitsintensives Geschäft, das viel Fingerspitzengefühl verlangt. Die wohlschmeckenden, fleischigen

Spargeltriebe gehen aus einem unterirdisch, weitverzweigt wachsenden Wurzelwerk, Rhizomen, hervor. Sie verbleiben nach der Ernte im Boden, um hier zu überwintern. Durch die unterschiedliche Anbaumethoden entsteht die Färbung der Spargelstangen. Der Bleichspargel wird in geschützten Erdwällen gezogen, damit er sich nicht durch Lichteinwirkung verfärbt. Sobald er eine Länge von mindestens 20 Zentimeter erreicht hat, bricht der Kopf vorsichtig aus dem Erdreich heraus. Ein scharfes Auge und ein ebensolches, gebogenes Messer sind nötig, um die Stange freizustechen, bevor sie auch nur einen Sonnenstrahl abbekommen hat. Dabei beschreibt »stechen« den aufwendigen Vorgang nur ungenügend: Gebückt stehen die Erntearbeiter über den Wällen und graben in gewissen Abständen zwei Finger in die Erde. Erfühlen sie eine Stange, wird diese freigegraben und vorsichtig abgestochen. Dann wird der Wall mit einer Kelle gekittet.

VOM RICHTIGEN ZEITPUNKT

Denn sobald sich ein Spargelkopf seinen Weg ins Freie gebahnt hat, beginnt er innerhalb weniger Stunden die Stoffe zu bilden, die er für die Photosynthese benötigt. Die Stange verfärbt sich dabei zunächst blauviolett und wird dann grün. Die Beendigung der Ernte am Johannistag ist wichtig für die Spargelpflanzen, damit ihnen eine ausreichende Regenerationszeit bleibt, um im folgenden Jahr genügend neue Sprosse bilden zu können. Eine ausgefeilte Fruchtfolge sorgt im ökologischen Anbau für eine ausgewogene Nährstoffversorgung und die Gesundheit der empfindlichen Kulturpflanzen.

Der Grünspargel hingegen wächst auf ebenerdigen Böden in der Sonne. Er gedeiht überall dort gut, wo der Boden feucht und schwer ist. Hauptanbaugebiete sind Baden und die Pfalz, neben einigen Regionen in Niedersachsen und im Münsterland. Die Ernte des Grünspargels ist einfach und wenig zeitaufwendig. Sie beginnt auch deutlich früher als die des empfindlichen Bleichspargels, sobald die Triebe eine Länge von 15 bis 20 Zentimeter erreicht haben. Dann werden sie knapp unter der Bodenoberfläche mit einem scharfen Messer abgeschnitten.

Die besten Stangen des königlichen Gemüses sind weder zu dick noch zu dünn, gleichmäßig gewachsen und elfenbeinfarben. Ihre Köpfe sind fest geschlossen, die Spargelstangen prall und glänzend. So erfreuen sie die Herzen ihrer Liebhaber, für die die Spargelernte in der Region jedes Jahr einen kulinarischen Höhepunkt darstellt. Denn frischer geht es kaum, wenn der frühmorgens geerntete Spargel bereits mittags oder abends serviert wird.

Letzte Qualitätskontrolle durch den Chef persönlich.

Spargelsalat auf Kartoffeltarte mit Zitronenfilets

1 Spargel waschen, schälen und die Enden um ½ cm kürzen. Stangen schräg in 3 mm feine Scheiben schneiden. Zitronen schälen und filetieren. Filets in eine Schüssel geben, die restliche Frucht kräftig mit der Hand ausdrücken und den Saft dazugeben.

2 Kartoffeln waschen, schälen und in 1,5 mm dünne Scheiben schneiden. In einer Pfanne (ø 14 cm) 1 EL Olivenöl erhitzen, ein Viertel der Kartoffelscheiben dachziegelartig einlegen und bei großer Hitze auf beiden Seiten in jeweils ca. 10 Min. knusprig braten. Die Kartoffeltarte herausnehmen, auf Küchenpapier entfetten und warm stellen. Auf diese Weise noch 3 Tartes braten.

3 Für die Vinaigrette in einer Schüssel den süßen Senf mit 80 ml Olivenöl und 30 ml Apfelessig verrühren. Mit Salz und Pfeffer würzen.

4 Petersilie waschen, trocken schütteln und abzupfen. Frühlingszwiebeln waschen und putzen. Das Grün um zwei Drittel kürzen und die Stangen längs vierteln. In einer Pfanne 2 EL Olivenöl erhitzen und den Zucker darin hellbraun karamellisieren. Frühlingszwiebeln dazugeben und unter Rühren bei mittlerer Hitze hellbraun anbraten. Mit Salz und Pfeffer würzen.

5 Den Spargel mit 50 ml Olivenöl, dem aufgefangenen Zitronensaft und der Petersilie mischen. Mit Salz und Pfeffer abschmecken. Den Spargelsalat portionsweise auf den Kartoffeltartes anrichten und mit Frühlingszwiebeln bestreuen. Zitronenfilets über die Tartes legen und jede Portion mit einer Spur Vinaigrette umziehen.

Info

Spargel der Klasse II hat immer einen Durchmesser von 16 mm. Mit diesem frühlingshaften Spargelgericht harmonieren roh marinierte Süßwasserfische, wie z. B. Forelle, Saibling oder Renke.

FÜR 4 PERSONEN
ZUBEREITUNGSZEIT: 1 STD.
PRO PORTION 560 KCAL

FÜR DEN SPARGELSALAT
1,2 kg Spargel (Klasse II)
2 Bio-Zitronen
160 ml Olivenöl
1 Bund glatte Petersilie
1 Bund Frühlingszwiebeln
2 TL Zucker

FÜR DIE VINAIGRETTE
1 TL süßer Senf
30 ml Apfelessig
Salz, schwarzer Pfeffer aus der Mühle

FÜR DIE KARTOFFELTARTES
500 g festkochende Kartoffeln (mittelgroß, z.B. Linda)
4 EL Olivenöl

Spargel und Mangold bilden eine sehr feine Kombination. Zu diesem Gericht passen ausgezeichnet kleine, goldgelb in Butter gebratene Kartoffeln mit etwas Kümmel.

Spargel im roten Mangoldblatt

1 Den Spargel waschen, schälen und die Enden um ½ cm kürzen. Schalen in einen Topf mit ca. 150 ml Wasser geben, salzen und aufkochen. 5 Min. garen, den Fond durch ein Sieb gießen und anschließend beiseitestellen.

2 Den Mangold waschen, trocken schütteln und den Strunk entfernen. Stiele aus den Blättern schneiden und beiseitestellen. In einem großen Topf Salzwasser aufkochen, die Blätter kurz einlegen, kalt abschrecken und abtropfen lassen.

3 Pro Portion 2–3 Mangold-Blätter so ausbreiten, dass sie einander überlappen. 4–5 Spargelstangen quer darauflegen, sodass die Spitzen die rechte Mangoldblattseite deutlich überragen. Das linke Mangoldblatt nun über die Spargelenden klappen, dann den Spargel von unten her fest einrollen. Die Mangoldstiele quer in 2 cm breite Stücke schneiden.

4 In einer großen, tiefen Pfanne 2 EL Butter schmelzen. Schalotte schälen, fein würfeln und darin glasig dünsten. Die Mangoldstiele dazugeben und ca. 150 ml Spargelfond angießen. Die Lorbeerblätter dazugeben und mit Salz, Pfeffer und Zucker würzen. Aufkochen, die Spargelpäckchen einlegen und abgedeckt bei mittlerer Hitze in ca. 4–5 Min. bissfest garen. Herausnehmen und warm stellen. Den Sud sämig einkochen.

5 Den Kerbel waschen, trocken schütteln und abzupfen. 1 EL Butter in den Fond rühren, mit einem Spritzer Zitronensaft und Pfeffer abschmecken und die Hälfte des Kerbels einrühren. Je 1 Spargelpäckchen mit Mangoldstielen und Sud anrichten und etwas Kerbel bestreut servieren.

FÜR 4 PERSONEN
ZUBEREITUNGSZEIT: 45 MIN.
PRO PORTION 120 KCAL

1 kg Spargel (Klasse II)
Salz
1 rote Mangoldstaude (700–800 g)
3 EL Sauerrahmbutter
1 Schalotte
2 Lorbeerblätter
schwarzer Pfeffer aus der Mühle
½ TL Zucker
1 Bund Kerbel
½ TL frischer Zitronensaft

Ich verwende gerne frische Lorbeerblätter. Ihr Aroma ist durch den hohen Gehalt an Bitterstoffen deutlich intensiver als die getrocknete Variante. Schon nach 15 Sekunden im Gericht entfaltet sich ihr voller Geschmack! Danach einfach entfernen.

Grüner Spargel mit Zwiebel-Tomaten-Marinade

1 Spargel waschen und das untere Drittel schälen. Die Tomaten waschen, Stielansätze entfernen, häuten, vierteln und entkernen. Die Tomatenviertel längs halbieren. Schnittlauch waschen, trocken schütteln und in Röllchen schneiden. Staudensellerie waschen, die inneren Blätter abzupfen und beiseitelegen. Dann dünn schälen, quer dritteln, längs in Streifen schneiden und diese fein würfeln. Zwiebeln schälen und fein würfeln.

2 In einem Topf 100 ml Olivenöl erhitzen und die Zwiebeln darin bei niedriger Hitze glasig dünsten. Weißwein dazugießen, Zucker und Lorbeerblatt dazugeben, mit Salz und Pfeffer würzen und bei mittlerer Hitze einkochen. Den Lorbeer herausnehmen. Die Zitrone waschen, schälen und die Schale sehr fein würfeln. Die Frucht auspressen.

3 In einer Schüssel die gedünsteten Zwiebeln, Selleriewürfel und Tomaten mischen. Zitronenschale und -saft dazugeben, mit Salz und Pfeffer würzen und beiseitestellen.

4 In einem hohen Topf reichlich Salzwasser mit 1 EL Butter und 2 TL Zucker aufkochen. Den Spargel darin in ca. 4–5 Min. bei mittlerer Hitze bissfest garen. Herausnehmen und abtropfen lassen. Anschließend auf eine Platte legen, mit etwas Olivenöl beträufeln und Salz bestreuen.

5 Den Spargel kreuzweise übereinander auf Tellern anrichten, den Schnittlauch unter die Zwiebelmischung rühren und über dem Spargel verteilen. Nach Belieben mit den beiseite gelegten Sellerieblättchen dekorieren.

FÜR 4 PERSONEN
ZUBEREITUNGSZEIT: 30 MIN.
PRO PORTION 395 KCAL

2,5 kg dünner grüner deutscher Spargel
FÜR DIE MARINADE
4 Tomaten (z. B. Roma)
1 Bund Schnittlauch
3 Stangen Staudensellerie
2 rote Zwiebeln
100 ml Olivenöl
200 ml trockener Weißwein
2 TL Zucker
1 Lorbeerblatt
Salz, schwarzer Pfeffer aus der Mühle
½ Bio-Zitrone
1 EL Sauerrahmbutter
2 TL Zucker
etwas Olivenöl zum Marinieren

Zum Spargel-Coulis schmecken knusprig gebratene Kartoffeln.

Spargel-Coulis mit Artischocken

1 Spargel waschen, schälen und die Enden um ½ cm kürzen. Die eine Hälfte des Spargels in 1 cm breite Stücke schneiden, die andere quer halbieren.

2 Von den Artischocken die Stiele abbrechen und die unteren Blätter entfernen. Die Außenblätter kreisförmig vom Fruchtboden bis zur Spitze mit einem scharfen Messer abschälen, bis das Artischockenherz mit dem Heu freiliegt. Die Blüte ca. 4 cm unterhalb der Spitze abschneiden und das Heu mit einem Löffel auskratzen. Das Artischockenherz halbieren und in 1,5 cm schmale Ecken schneiden. Schalotten schälen, längs halbieren und in 3 mm feine Streifen schneiden. Die Petersilie waschen, trocken schütteln und grob schneiden.

3 Für das Coulis in einem Topf die Butter erhitzen und die Spargelstücke darin anschwitzen. 150 ml Wasser dazugießen, aufkochen und mit Salz und Zucker würzen. Abgedeckt bei mittlerer Hitze in ca. 6–7 Min. weich dünsten. Den Fond ohne Deckel fast ganz einkochen. Spargel abkühlen lassen.

4 Spargelstücke in einem hohen Gefäß mit dem Mixstab pürieren. In einer Schüssel mit der Crème fraîche verrühren, mit Salz, Pfeffer und ½ TL Zitronensaft abschmecken.

5 In einer großen Pfanne 3 EL Olivenöl erhitzen und die Spargelhälften darin bei mittlerer Hitze hellbraun anbraten. Salzen, abgedeckt in ca. 2–3 Min. bissfest garen und warm stellen. In einer zweiten Pfanne 4 EL Olivenöl erhitzen, die Artischockenstücke darin bei starker Hitze hellbraun rösten und wenden. Schalotten und Thymianzweige zugeben und mit 1 Msp. Zucker bestreut goldbraun rösten. Mit Salz und Pfeffer würzen und Petersilie untermischen. Den Kalbsfond in einem kleinen Topf erhitzen.

6 Das Coulis flach auf Tellern anrichten, Spargel und Artischocken dekorativ darüber verteilen. Zum Schluss jede Portion mit etwas heißem Kalbsfond überziehen und etwas abgezupfter Petersilie bestreuen.

FÜR 4 PERSONEN
ZUBEREITUNGSZEIT: 45 MIN.
PRO PORTION 425 KCAL

FÜR DAS GEMÜSE
1,5 kg Spargel (Klasse II)
2 große französische Artischocken
2 Schalotten
1 Bund glatte Petersilie
7 EL Olivenöl
4 Thymianzweige
1 Msp. Zucker
Salz, schwarzer Pfeffer aus der Mühle

FÜR DAS COULIS
1 EL Sauerrahmbutter
Salz
½ TL Zucker
250 g Crème fraîche
schwarzer Pfeffer aus der Mühle
½ TL frischer Zitronensaft
60 ml dunkler Kalbsfond (aus dem Glas)

AUSSERDEM
1 Stängel glatte Petersilie

Info

Spargel und Artischocken eignen sich sehr gut zum Braten: Ihr Röstgeschmack unterstreicht das Eigenaroma der Produkte.

Süsssaurer Spargelsalat mit Spitzmorcheln

1 Den Spargel waschen, schälen und die Enden um ½ cm kürzen. Die Stangen in ca. 3 mm dünne Scheiben schneiden. In einem großen Topf reichlich Wasser aufkochen. 1 Lorbeerblatt, Salz, 1 EL Butter und 1 TL Zucker zugeben. Spargelscheiben darin in 3–4 Min. bei mittlerer Hitze bissfest kochen. Herausnehmen und auf einer Platte auslegen. 500 ml Fond beiseitestellen.

2 Schalotten schälen und fein würfeln. In einer Schüssel 500 ml warmen Spargelfond mit dem 2. Lorbeerblatt, Rapsöl und Apfelessig verquirlen. Mit Salz, Pfeffer und dem restlichen Zucker würzen. Drei Viertel der Schalottenwürfel in den Sud rühren. Die Spargelscheiben in einer Auflaufform auslegen und mit dem Sud übergießen. 6 Std. offen bei Zimmertemperatur marinieren.

3 Morchelstiele um ½ cm kürzen. Morcheln halbieren, kurz kalt abbrausen, trocken schleudern oder mit Küchenpapier trocken tupfen. Den Dill und den Kerbel waschen, trocken tupfen, abzupfen und fein schneiden.

4 Kurz vor dem Servieren in einer Pfanne 2 EL Butter schmelzen und die restlichen Schalotten darin glasig dünsten. Die Morcheln dazugeben, mit Salz und Pfeffer würzen und im eigenen Saft ca. 3–4 Min. gar dünsten. Nach Belieben mit Dill und Kerbel bestreuen und gleichmäßig über dem marinierten Spargel im Sud verteilen.

FÜR 4 PERSONEN
ZUBEREITUNGSZEIT: 45 MIN.
MARINIERZEIT: 6 STD.
PRO PORTION 385 KCAL

FÜR DEN SPARGELSALAT
1,6 kg Spargel (Klasse II)
2 Lorbeerblätter
Salz
1 EL Sauerrahmbutter
1 ½ EL Zucker
2 Schalotten
100 ml Rapsöl
80 ml Apfelessig
schwarzer Pfeffer aus der Mühle

FÜR DIE SPITZMORCHELN
200 g frische Spitzmorcheln
1 Bund Dill
1 Bund Kerbel
2 EL Sauerrahmbutter

Info

Dieser Spargelsalat schmeckt hervorragend zu kurz gebratenem Kalb- oder Schweinefleisch, zu Frikadellen (Fleischpflanzerl) oder als leichtes vegetarisches Frühlingsgericht.

Kräuter

Unkraut vergeht nie und entzückt Spitzenköche und Feinschmecker.
Auf der historischen Streuobstwiese des Gutshofs Boltenhagen erfreuen sich
Ackerhellenkraut, Wiesenkerbel und Giersch neben Hornveilchen
und Kapuzinerkresse ihres ungezähmten Lebens.

Wildkräuter: Inspirationsquelle für kulinarische Kreationen.

Der Anbau von (Un-)Kräutern benötigt Sorgfalt und viel Wissen um die wilden Pflanzen.

EIN BESUCH BEI ESSBARE LANDSCHAFTEN IN SÜDERHOLZ

Kräuterliebhaber aus Berufung

Die blühenden Landschaften im Osten Deutschlands, es gibt sie wirklich. Im Fall der mit mehrfachen Preisen ausgezeichneten Gärtnerei von Olaf Schnelle und Ralf Hiener im hohen Norden, eine Autostunde südlich von Stralsund, sind sie sogar essbar – und lassen die Herzen von Gourmets und kreativen Köchen deutlich höherschlagen. Das Angebot der Versandgärtner, die in einem alten Gutshof in Mecklenburg-Vorpommern höchst erfolgreich ihre ganz besonderen Kräuter und Obstsorten kultivieren, liest sich wie ein Auszug aus dem Wörterbuch der gelehrten Brüder Jacob (1785–1863) und Wilhelm Grimm (1786–1859).

Das kommt nicht von ungefähr, schließlich waren etwa das nach Lauch und mildem Senf schmeckende Ackerhellerkraut, nach Möhre und Petersilie duftender Giersch, der löwenzahnähnliche Hirtentäschel und der farnartige Wiesenkerbel vor knapp zweihundert Jahren noch geschätzte und bekannte Speisezutaten. Heute zucken bei der Erwähnung der hier genannten (Un-)Kräuter Hobbygärtner allenfalls zusammen und setzen alles daran, dass keiner der Genannten ihre Beete verschandelt.

KULTIVIERTER WILDWUCHS

Dabei ist dem Gartenbauingenieur Schnelle und dem Küchenmeister Hiener mit dem Anbau und der Kultivierung ihrer Kräuter ein echtes Kunststück gelungen: Ihr üppiges Sortiment, das neben etwa hundert Sorten von frischem Grün auch Aromaöle und -salze, Gelees, Pesto, aber auch Trockenkräuter umfasst – liest sich nicht nur schön. Gut 500 der besten Küchenchefs in Deutschland ordern hier für ihre Häuser von Lüneburg bis München Chinesischen Senf und Speisechrysanthemen, Douglasie und Knoblauchsrauke, Mädesüß und Sauerklee sowie essbare Blüten wie Hornveilchen oder Tausendschönchen. Vor allem die vielfältigen Wildkräuter mit ihrem Aromenreichtum und ihrer zauberhaften Optik bereichern und inspirieren die Speisekarten der Kreativen.

Alle Kräuter werden sofort nach der Ernte auf den Weg zum Kunden geschickt.

Denn die beiden Kräuterliebhaber aus Berufung kultivieren heute Pflanzen, deren Ruf seit Jahren ruiniert ist. Dabei waren diese bis ins 19. Jahrhundert fester Bestandteil der deutschen Küchenkultur und seinerzeit in jedem Topf und auf jedem Teller zu finden. Was von Frühling bis weit in den Herbst hinein in Wald und Wiesen sprießte, wurde täglich frisch gepflückt und bereicherte so auch manch kärglichen Speisezettel mit gesunden Inhaltsstoffen und vielfältigen Aromen. Mit der allmählich einsetzenden Intensivierung und Industrialisierung der Landwirtschaft wurden aus den feinen Wildkräutern, die bisher aus keinem Gericht wegzudenken waren, jedoch plötzlich Unkräuter. Und ihre Vernichtung galt seither als oberstes Gärtnergebot. Damit ging für viele Jahre nicht nur ein beachtliches Kräuterwissen verloren, auch die Geschmackswelt wurde ärmer.

WILDE KRÄUTER FÜR DIE GUTE KÜCHE

Im Garten des Gutshofs Boltenhagen ist die (Kräuter-)Welt wieder heil. In der bundesweit einzigartigen Gärtnerei hat man sich der Kultivierung und Veredelung seltener Wild- und Würzkräuter verschrieben. Zusammen mit sechs Mitarbeitern bewirtschaften Schnelle und Hiener eine Fläche von gut 5 ha, aufgeteilt in Kräutergarten und eine historische Streuobstwiese. Hainbuchen, Eschen und Kastanien unterteilen den Garten in sieben unterschiedliche Bereiche und schützen zugleich vor den kalten Winden im Frühjahr, wenn das Kraut sich nach einem langen Winter wieder einen Weg ans Licht bahnt.

RÜCKBESINNUNG AUF DIE URSPRÜNGE

Die Kräuter werden wie normale Salate in Reihen oder Beeten gezogen. Dabei ist der Umgang mit Wildkräutern immer wieder spannend, da sie sich nicht nach Lehrbuch entwickeln, sondern oftmals ganz eigene Strategien der Vermehrung verfolgen. So keimt das beliebte Ackerhellerkraut über Jahre verteilt, was einen sicheren Anbau schier unmöglich macht und man deshalb auf Zufallserfolge angewiesen ist.

Der Umgang mit den wilden Kräutern wird so zu einer echten Erfahrungswissenschaft, die Jahr für Jahr mit neuen Erkenntnissen über das Wesen von Pflanzen und dem komplexen Zusammenspiel von Wetter, Bodenbeschaffenheit und Insekten bereichert wird. Denn anders als bei den klassischen Heil- und Küchenkräutern, deren Kultivierung, Nutzen und Gebrauch sorgfältig in alten Klosterschriften und Kräuterfibeln verzeichnet wurde, verhält es sich bei Wildkräutern genau entgegengesetzt.

Der Gutshof Boltenhagen ist ein kontrollierter Bioland-Betrieb: Bodenkultur, Architektur, Bewässerung und Stofffluss werden so miteinander in Einklang gebracht, dass möglichst viele nützliche und sich gegenseitig unterstützende Verbindungen entstehen. Olaf Schnelle achtet zudem darauf, dass ein breiter Streifen zwischen seinen Beeten und den Äckern ungenutzt bleibt, damit seine Kräuter nicht durch Pestizide aus Nachbaräckern belastet werden.

VON ROSENÄPFELN UND GERSTENBIRNEN

Die ersten Kräuter, die Schnelle und Hiene im ersten Jahr der Gründung der Essbaren Landschaften ernteten, wuchsen übrigens im Obstgarten. Denn hier standen nicht nur fast hundert Jahre alte Apfel- und Birnbäume mit so wunderbaren Sorten wie »Dülmener Rosenapfel« oder »Gerstenbirne«. Zwischen dem alten Baumbestand wuchsen Köstlichkeiten wie Scharbockskraut, Wiesenkerbel, Giersch, Brennnessel und Taubnessel – und das, ohne dass ein Samenkorn ausgebracht wurde. Seither entdecken der Gärtner und der Koch immer wieder Neues: So bringen beispielsweise Radieschenpflanzen außer hübschen Blüten kleine grün-rote Schotenfrüchte mit einer sehr milden Schärfe hervor.

IM FRÜHTAU GEERNTET

Bis es jedoch so weit ist, und ein Teil der feinen Kräuter in der Küche des Gutshofs Boltenhagen zu ungewöhnlichen wie auch klassischen kulinarischen Kreationen verarbeitet werden, wird hart gearbeitet. Im Sommer beginnt die Ernte Tag für Tag im Frühtau. Flinke Hände sind jetzt gefragt und ein gutes Auge. Tagesfrisch werden die Kräuter anschließend gewaschen, trocken geschleudert, gewogen und verpackt. Je nach Entfernung hat der Kunde bereits (am nächsten Tag) mittags oder abends seine Lieferung, denn die empfindlichen Kräuter und Salat-Wildkräuter-Mischungen verlieren rasch an Aroma.

Es bleibt spannend, mit welchen weiteren Überraschungen die Essbaren Landschaften die kulinarische Welt erfreuen. Dank ihrer Kreativität und ihrer Schaffenskraft ist diese noch reicher geworden an Aromen, von denen Feinschmecker vor zehn Jahren nur träumen konnten.

Nicht nur kulinarisch, auch optisch eine Bereicherung.

Kartoffelsalat mit Radieschen und Rauke

1 Die Rauke waschen, trocken schleudern und beiseitestellen. Kartoffeln waschen, schälen und in 1 cm dicke Scheiben schneiden. Die rote Zwiebel schälen, halbieren und mit Strunk in 1 cm breite Spalten schneiden. Radieschen waschen, putzen, vierteln und beiseitestellen.

2 In einem flachen Topf das Olivenöl erhitzen und die Zwiebelspalten darin glasig anschwitzen. Kartoffeln dazugeben und ebenfalls kurz anschwitzen. Gemüsebrühe und Apfelessig zugießen, mit Salz, Pfeffer und Zucker würzen. Den ungeschälten Knoblauch zerdrücken und mit dem Lorbeerblatt einlegen. Die Kartoffeln bei mittlerer Hitze ca. 15 Min. weich garen. Beiseitestellen und 30 Min. ziehen lassen. Radieschen dazugeben und alles noch weitere 5 Min. marinieren.

3 Die Hälfte des Kartoffelsuds in eine kleine Schüssel geben. Den Dill waschen, trocken tupfen und die Dillspitzen grob schneiden. Die Hälfte des Dills über die Kartoffeln und Radieschen streuen. Raukeblätter in den Sud geben und mit der anderen Hälfte der Dillspitzen marinieren.

4 Kartoffelscheiben, Zwiebeln und Radieschen portionsweise auf großen Tellern anrichten und die marinierten Raukeblätter locker darüber verteilen.

FÜR 4 PERSONEN
ZUBEREITUNGSZEIT: 45 MIN.
MARINIERZEIT: 35 MIN.
PRO PORTION 375 KCAL

200 g Rauke oder Freiland-Rucola
500 g festkochende Kartoffeln
 (z. B. Linda)
1 rote Zwiebel
1 Bund Radieschen
80 ml Olivenöl
150 ml Gemüsebrühe
50 ml Apfelessig
Salz, schwarzer Pfeffer aus der Mühle
½ TL Zucker
1 Knoblauchzehe
1 Lorbeerblatt
1 Bund Dill

Info

Bei dieser Variante eines Klassikers steht der unverfälschte Eigengeschmack der Produkte im Vordergrund. Der Salat schmeckt als Vorspeise mit roh mariniertem Fisch oder Krustentieren sowie als Hauptspeise zu kurz Gebratenem.

Servieren Sie die heisse Suppe mit den Biskuits *sofort. So behält das aromatische Gebäck seinen Biss.*

Klare Suppe mit Kräuter-Biskuit

1 Die zimmerwarme Butter würfeln, mit den Eigelben in eine große Schüssel geben und mit einem Handrührgerät schaumig rühren. Mit Salz, Pfeffer und Muskatnuss würzen.

2 Eiweiße in einem hohen Gefäß mit 1 Prise Salz steif schlagen. Sahne in einer Schüssel steif schlagen. Das Mehl fein sieben.

3 Eine rechteckige feuerfeste Form (ca. 20 x 30 cm) oder eine runde Springform mit Backpapier auslegen. Kerbel und Schnittlauch waschen, trocken tupfen und fein schneiden.

4 Eischnee, geschlagene Sahne und Mehl zur Eigelb-Butter-Masse geben und mit einem Gummispachtel zu einem lockeren Teig vermengen. Zum Schluss Schnittlauch und Kerbel unterheben. Den Ofen auf 200° (Umluft 180°) vorheizen.

5 Den Teig gleichmäßig und fingerdick in der Form verstreichen und im Ofen (Mitte) in ca. 20 Min. goldbraun backen. Dann herausnehmen und in der Form abkühlen lassen. Brühe in einem Topf zum Kochen bringen. Den Teig aus der Form heben, das Backpapier abziehen und in die gewünschte Form schneiden, z. B. in 2 cm große Rauten. Den Kräuter-Biskuit in die kochende Suppe geben und sofort servieren. So saugt er die Flüssigkeit auf, behält aber seine Konsistenz.

FÜR 8 PORTIONEN
ZUBEREITUNGSZEIT: 20 MIN.
BACKZEIT: 20 MIN.
PRO PORTION 345 KCAL

1,5 l Fleischbrühe
FÜR DEN KRÄUTER BISKUIT
120 g Sauerrahmbutter
6 Eigelbe
Salz, schwarzer Pfeffer aus der Mühle
frisch geriebene Muskatnuss
6 Eiweiße
1 Prise Salz
40 g Sahne
120 g Mehl
1 Bund Kerbel
1 Bund Schnittlauch
AUSSERDEM
Backpapier

Info

Das Rezept kann mit verschiedenen Kräutern variiert werden und so klare Suppen bereichern, wie z. B. eine klare Tomatensuppe mit Basilikum-Biskuit. In einer Wildsuppe schmecken die Biskuits mit gehackten Pfifferlingen oder Steinpilzen.

Der frühlingshafte Saucenklassiker schmeckt zu Fleisch und Gemüse.

Grüne Sosse

1 In einer Schüssel Eigelb, Worcestersauce, Senfpulver, Dijon-Senf, Gemüsebrühe, Salz und Pfeffer verrühren. Das Rapsöl langsam in dünnen Fäden zugeben und mit einem Schneebesen zu einer Mayonnaise rühren. Saure Sahne und Joghurt unterrühren, dann den geriebenen Meerrettich zugeben.

2 Alle Kräuter waschen, trocken tupfen oder schütteln und mit den Stielen grob schneiden. Anschließend in einem hohen Gefäß mit einem Mixstab fein pürieren, dabei etwas Wasser zugeben. Oder die geschnittenen Kräuter durch einen Fleischwolf drehen, so bleiben Saft und Aromen am besten erhalten.

3 Für die Einlage die Eier in kochendem Wasser 10 Min. hart kochen, kalt abschrecken und schälen. Erst in dünne Scheiben, dann in feine Würfel schneiden und beiseitestellen.

4 Eiweiß mit 1 Prise Salz mit dem Handrührgerät in einem hohen Gefäß steif schlagen und kalt stellen.

5 Die Kräutermasse unter die Mayonnaise rühren, mit Zitronensaft, Salz und Pfeffer abschmecken. Dann die gewürfelten Eier untermischen und kurz vor dem Servieren das steif geschlagene Eiweiß locker unterheben.

FÜR 4 PERSONEN
ZUBEREITUNGSZEIT: 25 MIN.
PRO PORTION 695 KCAL

FÜR DIE KRÄUTER-MAYONNAISE
1 Eigelb
½ TL Worcestersauce
1 Msp. Senfpulver
½ TL scharfer Dijon-Senf
25 ml Gemüsebrühe
Salz, schwarzer Pfeffer aus der Mühle
0,25 l kalt gepresstes Rapsöl
125 g saure Sahne
50 g Naturjoghurt
1 TL geriebener Meerrettich
1 Bund krause Petersilie
1 Bund Kerbel
1 Bund Schnittlauch
60 g kleine Blätter Sauerampfer
1 Bund Dill
Saft von ½ Zitrone

FÜR DIE EINLAGE
2 Eier
1 Eiweiß
1 Prise Salz

Den Sauerampfer schnell verarbeiten, da er so sein Aroma, seine Frische und auch die grüne Farbe behält. Das säurehaltige Blatt harmoniert gut mit der Fruchtigkeit des Risottos und der Würze des Parmesans.

Sauerampfer-Grünkern-Risotto

1 Die Möhre und die weiße Rübe waschen, schälen und in 1 cm große Würfel schneiden. Die Schalotten schälen, halbieren und anschließend fein würfeln.

2 In einem flachen Topf 1 EL Butter schmelzen und die Schalotten darin glasig dünsten. Den Grünkern mit einem Holzlöffel einrühren. Mit der Gemüsebrühe und der Hälfte des Apfelsafts aufgießen. Mit Salz und Pfeffer würzen und aufkochen lassen. Die Lorbeerblätter zugeben und den Grünkern zugedeckt bei sehr geringer Hitze ca. 1 Std. quellen lassen.

3 Nach 30 Min. die Gemüsewürfel zugeben und mitköcheln lassen. Bei Bedarf den restlichen Apfelsaft angießen. Den Grünkern garen, bis er weich und ganz leicht bissfest ist. Bei Bedarf die Kochzeit um 10–15 Min. verlängern. Anschließend mit Salz und Pfeffer abschmecken.

4 Den Parmesan und 2 EL kalte Butter einrühren, sodass der Risotto schön sämig wird.

5 Sauerampfer waschen und trocken schütteln. Mit dem Holzlöffel unterheben, sodass die Blätter ihre Struktur behalten. Portionsweise auf tiefen Tellern anrichten und mit frisch gehobeltem Parmesan servieren.

FÜR 4 PERSONEN
ZUBEREITUNGSZEIT: 15 MIN.
GARZEIT: CA. 1 STD.
PRO PORTION 475 KCAL

1 kleine Möhre
1 weiße Rübe
2 Schalotten
3 EL Sauerrahmbutter
250 g Grünkern
250 ml Gemüsebrühe
350 ml Apfelsaft (naturtrüb)
Salz, schwarzer Pfeffer aus der Mühle
2 Lorbeerblätter
50 g frisch geriebener Parmesan
250 g Sauerampfer
100 g Parmesan am Stück

Diese helle Suppe ist die ideale Basis für fast alle legierten Kräutersuppen. Dazu empfehle ich geröstete Weissbrot-Croûtons oder fein geschnittene Scheiben einer rohen Forelle, die Sie zum Schluss in die heisse Suppe einlegen.

Kressesuppe mit Gänseblümchen

1 Die Kresse waschen und trocken tupfen. Blätter und feine Stiele abzupfen. In einem Topf reichlich Salzwasser aufkochen und Blätter und Stiele darin in ca. 3–4 Min. blanchieren, kalt abschrecken, in einem Sieb abtropfen lassen und vorsichtig ausdrücken. Mit einem Mixstab fein pürieren und kalt stellen.

2 Die Zwiebelhälfte schälen und mit dem Lorbeerblatt und den Gewürznelken spicken.

3 In einem Topf die kalte Butter schmelzen, Mehl einstreuen und mit einem Schneebesen glatt rühren. Die kalte Geflügelbrühe und den Weißwein portionsweise und unter Rühren zugießen, dabei langsam aufkochen. Die gespickte Zwiebelhälfte und die 2 Pimentkörner einlegen. Anschließend bei geringer Hitze offen ca. 30 Min. köcheln.

4 Die Suppe durch ein feines Sieb in einen anderen Topf gießen, aufkochen und mit Salz würzen. Eigelb und saure Sahne mit einem Schneebesen in einer kleinen Schüssel verquirlen.

5 Die pürierte Kresse in die Suppe einrühren, kurz bei geringer Hitze köcheln lassen, den Topf vom Herd ziehen und die Suppe mit dem Mixstab aufschäumen. Dann die Eigelbmasse und die Butter unterrühren und erneut schaumig aufschlagen. Mit Zitronensaft und Pfeffer abschmecken. Die Suppe sofort servieren und mit Gänseblümchen und Kresseblättchen dekorieren.

FÜR 4 PERSONEN
ZUBEREITUNGSZEIT: 1 STD. 30 MIN.
PRO PORTION 245 KCAL

1 kg Brunnenkresse
 (Alternativ: Blattspinat)
Salz
½ Zwiebel
1 Lorbeerblatt
2 Gewürznelken
40 g Butter
40 g Weizenmehl
1,5 l Geflügelbrühe
200 ml trockener Weißwein
2 Pimentkörner
1 Eigelb
100 g saure Sahne
1 EL Sauerrahmbutter
1 TL frischer Zitronensaft
schwarzer Pfeffer aus der Mühle

ZUR DEKORATION
Gänseblümchen
Kresseblättchen

Lamm

Schafe und ihre Lämmer brauchen Bewegung, Licht und Luft sowie eine fürsorgliche und liebevolle Haltung. Nur so und mit viel Zeit zum Wachsen entsteht ein qualitativ hochwertiges, zart marmoriertes und feinwürziges Fleisch.

Liebevolles Miteinander unter Lockenköpfen.

Gleich geht es hinaus zu Gras, Klee und frischen Kräutern.

EIN BESUCH BEI SYLVIA UND SEPP HUBER IN SENSAU, GEMEINDE STEINHÖRING

Aus Passion Züchter

Ein kleines Stück außerhalb des oberbayerischen Ortes Sensau in der Gemeinde Steinhöring liegt der Weinberger-Hof. Beschattet von einem beeindruckenden Walnussbaum liegt dann das mehr als hundert Jahre alte Anwesen von Sylvia und Sepp Huber.

EIN PARADIES FÜR SCHAFE
Die kleine Herde aus weißen Bergschafen und Lämmern tummelt sich hinter dem Hof auf grünen Wiesen und Hängen, umgeben von schattigen Waldungen. Das Schaf gehört zu den ältesten Haustieren des Menschen. 28 Mutterschafe und ein beeindruckender Bock laufen hier auf einer von einem dunklen Mischwald eingefassten, weitläufigen Weide mit ihrer Lämmerschar hangauf und hangab und erfreuen sich des Lebens. Zwei, drei schwarze Lämmchen und auch ein paar der nur noch in kleinsten Beständen vorkommenden Brillenschafe mit ihrer aparten schwarzen Farbzeichnung, die als Brille um die Augen und als schwarze Ohrspitzen vorkommt, laufen hier mit.

Schwarze Schafe werden auch in der weißesten Herde immer wieder einmal geboren. Das liegt daran, dass alle Schafe, bevor der Mensch vor 9 000 Jahren in die Zucht eingriff, dunkel waren und damit auch weiße Schafe dieses Genmaterial in sich tragen. Denn in früherer Zeit war es aus biologischer Sicht günstiger, als Schaf schwarz zu sein. Das Fell speicherte so mehr Wärme, und die Tiere benötigten weniger Futter. Zumindest bei den Wildschafen setzten sich allerdings die hellen Schafe durch. Mitten in der bunten Schaffamilie kaut die Ziege Lieserl gemütlich am ersten frischen Gras. Ihr immer zur Seite, wenn er nichts Wichtigeres zu tun hat, schreitet der forsche Bock Schorsch. Beide pflegen ein enges, wenn auch naturgegeben platonisches Freundschaftsverhältnis.

Jeden Tag wird die Weide umgesteckt, sodass der Herde stets frisches Gras, Klee und Kräuter zur Verfügung stehen. So wird der Boden gepflegt und bekommt durch die feinen Huftritte Luft. Vor den Unbilden

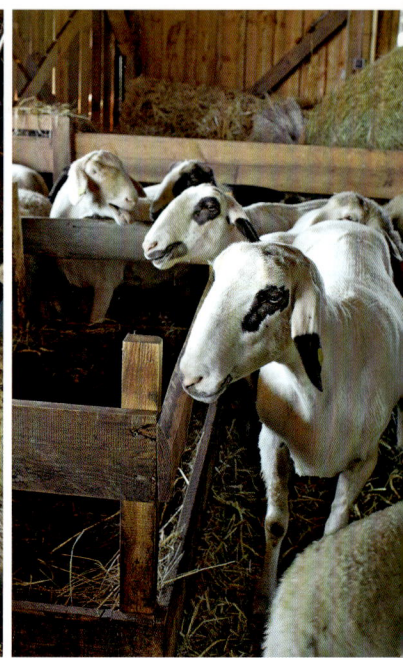

Vor Sommerbeginn kommt der Schafscherer. Jetzt heißt es für die Brillenschafe: Runter mit der Wolle!

der Witterung oder bei großer Sommerhitze können Bock, Schafe und Lämmer bei Bedarf im Offenstall Schutz finden. Während die Mutterschafe von Bergschafen abstammen, handelt es sich beim Bock um ein Merinolandschaf. In Deutschland ist das die am häufigsten anzutreffende Rasse. Sie gilt als widerstandsfähig, geländetauglich und besonders fruchtbar. Zudem verbessert eine Kreuzung mit einem Merinoland- oder -fleischschaf auch immer die Mastleistung der daraus hervorgehenden Lämmer.

BELEBUNG EINER ALTEN NUTZTIERRASSE

Bei den Bergschafen hingegen handelt es sich um eine alte, gefährdete Schafrasse aus dem Alpenraum, deren Hauptzuchtgebiete in Bayern, Österreich und der Schweiz liegen. Es gibt weiße, braune und schwarze Bergschafe, die getrennt gezüchtet werden. Zudem gibt es auch regional typische Züchtungen wie das Tiroler Bergschaf, das Bayerische Bergschaf oder das Engadiner Bergschaf. Ursprünglich gehen alle Bergschafe auf das Steinschaf und das sogenannte Bergamasker-Schaf aus dem italienischen Raum zurück.

Das Bergschaf hat einen ramsnasigen hornlosen Kopf und breite Hängeohren. Es bildet eine grobe Wolle aus, die ihm einen guten Kälte- und Nässeschutz bietet, weshalb es mit dieser Ausstattung auch in niederschlagsreichen Gegenden gut zurechtkommt. Seine Trittsicherheit, seine gerade gewachsenen Gliedmaßen und harten Klauen helfen ihm, im Hochgebirge selbst die steilsten Stellen zu erklimmen und so Almflächen auch bis zur Baumgrenze zu nutzen. Bergschafe sind sehr fruchtbar, und sie bekommen häufiger Zwillingslämmer als andere Rassen. Familie Huber erlebte im Frühjahr 2010 in ihrer Herde weißer Bergschafe sogar die Ankunft von Drillingen.

BETZERLS ELTERN

Da Bergschafe im Gegensatz zu anderen Schafrassen, die nur im Herbst empfänglich sind, unabhängig von der Jahreszeit brünstig sind, können sie das ganze Jahr über Lämmer bekommen. So kann ein Bergschaf in zwei Jahren nach einer Tragzeit von jeweils 150 Tagen etwa drei Lämmer auf die Welt bringen. Am robustesten und gesündesten sind die Winterlämmer, da sie in der kalten Jahreszeit heranwachsen und ein entsprechend stabiles Immunsystem herausbilden. Bergschafmütter gelten als äußerst qualifiziert für ihren Beruf: Sie besitzen einen ausgeprägten Beschützerinstinkt und achten fürsorglich auf ihre Lämmer. Jedes Lamm wird bis zu etwa 12 bis 16 Wochen von seiner Mutter mit Milch versorgt. Nebenbei beginnen die Lämmer bereits am Gras bzw. Dürrfutter zu knabbern.

Wo ein Muttertier ausfällt, ersetzen die Hubers auch einmal die Mama. Dann wird ein Waisenkind auch einmal liebevoll mit der Flasche aufgezogen. Das brachte den Hubers von ihrem kleinen Enkel Jonathan den ehrenvollen Beinamen »Betzi-Oma und -Opa« (von bayr.: Betzerl: Lamm, junges Schaf) ein.

Sechs bis sieben Monate alt werden die Lämmer hier, bevor sie den Hof verlassen. Durch die natürlichen Haltungsbedingungen, viel Bewegung auf naturbelassenen Weiden in Hanglage, zeigen die Tiere eine besonders starke Laufleistung, was sich an der Qualität ihres Fleischs bemerkbar macht. Ihr Wachstum verläuft in einem natürlichen, gesunden Rahmen, da sie bei ihren Müttern aufwachsen. Bei Hubers erübrigt sich die Gabe der sonst üblichen Getreidemischungen, da die jung geschnittene Silage dieses hervorragend ausgleicht. So ist das Fleisch der glücklichen Lämmer immer appetitlich hellrot, zart, leicht marmoriert und hat einen besonders milden, feinwürzigen Geschmack. Ein Genuss, der der guten Pflege durch fürsorgliche Lämmereltern zu danken ist.

Immer mit dabei: Neugierige Lämmchen und selbstverständlich die Ziege Lieserl.

Bei diesem Gericht ist das Fleisch nahezu frei von eigenem Fett, was eigentlich nicht meiner Philosophie entspricht. In diesem Fall wird die Butter als Geschmacksträger eingesetzt.

Lammkarree mit Meerrettichkruste

1 Thymian und Petersilie waschen, trocken schütteln, jeweils die Blättchen abstreifen und fein schneiden. Schalotten schälen und sehr fein würfeln. Mit dem Weißwein in einen kleinen Topf geben und bei mittlerer Hitze langsam einkochen, bis er fast verdunstet ist. Den Topf vom Herd ziehen und abkühlen lassen.

2 Die zimmerwarme Butter mit einem Handrührgerät schaumig schlagen. Mit den Schalotten, Thymian, Petersilie, Meerrettich und Senf vermischen. Die Semmelbrösel unterziehen und mit Salz, Pfeffer, Zitronensaft und Worcestersauce abschmecken. Bei Zimmertemperatur 30 Min. zugedeckt ziehen lassen.

3 Die weißen Rübchen dünn schälen, den Blattstrunk in 1 cm Länge stehen lassen. Die Frühlingszwiebeln putzen und waschen. Den Backofen auf 200° (Umluft 180°) vorheizen.

4 In einem Bräter 3 EL Olivenöl erhitzen und die Lammkarrees auf der Fleischseite in 1 Min. scharf anbraten, wenden und 1 Min. braten. Herausnehmen. Rübchen und Frühlingszwiebeln in den Bräter geben und bei geringer Hitze anbraten. Die Lammkarrees jeweils mit der Knochenseite nach unten daraufsetzen und im Ofen ca. 10–12 Min. bis zu einer Kerntemperatur von 58° rosa braten. Herausnehmen und Gemüse und Fleisch warm stellen. Mit Küchenpapier die Fleischseite der Karrees trocken tupfen und mit Salz und Pfeffer würzen.

5 Das Bratfett abgießen, den Bräter zurück auf den Herd stellen und den Bratensatz mit etwas kaltem Wasser ablöschen. Den Lammfond angießen. Die Rübchen und Frühlingszwiebeln bei mittlerer Hitze sämig einkochen.

6 Die Meerrettichmasse ca. 1 cm dick jeweils auf der Fleischseite des Karrees aufstreichen. Im Backofen die Karrees auf Grillstufe goldbraun grillen. Herausnehmen und 3–4 Min. ruhen lassen. 1 EL kalte Butter in die Sauce rühren, Kirschtomaten einlegen, bis sie lauwarm sind. Das Gemüse und die Tomaten portionsweise auf Tellern anrichten, die Karrees vorsichtig in Rippen schneiden, dazulegen und alles mit Sauce umringen.

FÜR 4 PERSONEN
ZUBEREITUNGSZEIT: 55 MIN.
MARINIERZEIT: 30 MIN.
PRO PORTION 975 KCAL

FÜR DIE MEERRETTICHKRUSTE
3 Thymianzweige
1 Bund krause Petersilie
2 Schalotten
50 ml trockener Weißwein
150 g Sauerrahmbutter (zimmerwarm)
40 g geriebener Meerrettich
1 TL scharfer Dijon-Senf
150 g Semmelbrösel
Salz, schwarzer Pfeffer aus der Mühle
Saft von ½ Bio-Zitrone
1 Spritzer Worcestersauce

FÜR DIE LAMMKARREES
8 kleine, weiße Rübchen (Navets; Alternativ: Pastinaken)
8 Frühlingszwiebeln
3 EL Olivenöl
2 Lammkarrees ohne Fettdeckel à 400 g (jeweils 8 geputzte Rippen)
Salz, schwarzer Pfeffer aus der Mühle
200 ml dunkler Lammfond (oder Kalbsfond)
1 EL kalte Butter
8 Kirschtomaten

AUSSERDEM
Bratthermometer

Gefüllte Lammbrust auf Gemüsebett

1 Vom Blattspinat die Stiele abschneiden. Blätter waschen, in einem Sieb abtropfen lassen, grob schneiden und beiseitestellen. Schalotten schälen und fein würfeln. Pfifferlinge waschen und durch ein Küchentuch abtropfen lassen. Die Brötchen in 1 cm große Würfel schneiden.

2 In einer Pfanne 1 EL Butter erhitzen, Brötchenwürfel darin bei mittlerer Hitze goldgelb rösten, herausheben und auf Küchenpapier entfetten. Die übrige Butter schmelzen und die Schalotten darin bei geringer Hitze glasig dünsten. Pfifferlinge zugeben, mit Salz und Pfeffer würzen und bei starker Hitze ca. 2 Min. dünsten. Alles in eine Schüssel geben. In einem Topf die Milch aufkochen, sofort über die Brötchen-Pilz-Mischung gießen und 10 Min. quellen lassen. Spinat, Ei und Eigelb untermischen und alles mit Salz, Pfeffer und Muskatnuss würzen. Die Masse flach in die Lammbrüste füllen und mit einem Zwirn in groben Stichen zunähen.

3 Für das Gemüsebett die Zwiebeln schälen und mit Strunk vierteln. Den Fenchel waschen, putzen und mit Strunk vierteln. Die Knoblauchknolle mit einem scharfen Messer halbieren. Den Backofen auf 190° (Umluft 170°) vorheizen.

4 In einem Bräter das Öl erhitzen und das Fleisch darin bei mittlerer Hitze von beiden Seiten hellbraun anbraten, mit Salz und Pfeffer würzen und herausnehmen. Fenchel, Zwiebeln, Knoblauch und Tomaten in den Bräter geben und in ca. 3–4 Min. dünsten. Fleischbrühe angießen, das Fleisch auf das Gemüse setzen und den Lorbeer einlegen. Einmal aufkochen, dann offen im Ofen (Mitte) in ca. 1 Std. 30 Min. goldbraun poelieren. Dabei alle 15 Min. mit Bratenfond begießen.

5 Das Lamm und das weiche Gemüse herausnehmen, ruhen lassen und warm stellen. Rosmarinzweige in die Sauce legen und diese bei mittlerer Hitze sämig einkochen; dann entfetten. Das Fleisch vom Zwirn befreien, in ca. 2 cm dicke Scheiben schneiden. Auf den Fleischscheiben portionsweise das Gemüse mit dem Rosmarin anrichten und etwas Sauce angießen.

FÜR 4 PERSONEN
ZUBEREITUNGSZEIT: 1 STD.
GARZEIT: 1 STD. 30 MIN.
PRO PORTION 840 KCAL

1–2 Lammbrüste, 1,2 kg (beim Metzger vorbestellen, einschneiden lassen. Alternativ: Lammschulter ohne Knochen)

FÜR DIE FÜLLUNG
150 g Blattspinat
2 Schalotten
100 g kleine Pfifferlinge
2 Brötchen vom Vortag
2 EL Butter
Salz, schwarzer Pfeffer aus der Mühle
150 ml Vollmilch
1 Ei
1 Eigelb
frisch geriebene Muskatnuss
3 EL Öl

FÜR DAS GEMÜSEBETT
3 Zwiebeln
3 Fenchelknollen
1 Knoblauchknolle
3 geschälte Tomaten aus der Dose
1 l Fleischbrühe
2 Lorbeerblätter
2 Rosmarinzweige

Info

Poelieren – also das sanfte Garen eines zarten Fleischstückes auf einem Gemüsebett – ist die beste Garmethode für dieses langfaserige Fleisch. Die Füllung macht das Gericht besonders saftig und dient als feine Beilage.

Optimaler Geschmack dank perfekter Zutatenkombination!

Lammfilets mit Bohnen und saurer Sahne

1 Bohnen waschen, Fäden von oben nach unten abziehen und in 3 cm lange Stücke schneiden. Bohnen mit 3 Zweigen Bohnenkraut in reichlich kochendem Salzwasser in ca. 6–8 Min. weich kochen. Anschließend abgießen, eiskalt abschrecken und auf einem Sieb abtropfen lassen.

2 Schalotten schälen, halbieren und fein würfeln. Tomaten waschen, Stielansätze entfernen, häuten, vierteln und entkernen. Fruchtfleisch längs in 2 cm breite Streifen schneiden. Übriges Bohnenkraut waschen, trocken tupfen und fein schneiden. Die Kartoffeln waschen, schälen, in 1 cm kleine Würfel schneiden und in kaltes Wasser legen.

3 Für das Dressing die saure Sahne in einer kleinen Schüssel mit Zitronensaft, dem Schalenabrieb, Salz und Pfeffer würzen. Den Dill waschen, trocken tupfen, abzupfen, fein schneiden und unter das Dressing rühren.

4 Das Schweinefett ca. 2 cm hoch in einer hohen Pfanne auf 170° erhitzen. Kartoffelwürfel trocken tupfen, in das Fett geben und bei starker Hitze in 10 Min. goldbraun frittieren. Auf einem Sieb abtropfen lassen, mit Fleur de Sel salzen und warm stellen.

5 3 EL Olivenöl erhitzen und die Lammfilets darin rundherum scharf anbraten, pfeffern und in ca. 3 Min. bei mittlerer Hitze rosa braten. Herausnehmen und auf einem Rost warm stellen. Die Butter erhitzen und Schalottenwürfel darin bei geringer Hitze glasig dünsten. Bohnen zugeben, mit Salz und Pfeffer würzen und darin kurz schwenken. Tomaten und Bohnenkraut einrühren. Die Filets schräg durchschneiden und mit den Bohnen anrichten. Kartoffelwürfel darüberstreuen, mit dem Dressing garnieren und etwas Fleur de Sel verfeinern.

Info

Dieses Gericht ist absolut stimmig: Eine Bohne muss weich und mit Bohnenkraut gekocht, Kartoffeln in tierischem Fett frittiert sein – so entwickeln sich optimale Geschmacksnuancen.

FÜR 4 PERSONEN
ZUBEREITUNGSZEIT: 1 STD.
PRO PORTION 780 KCAL

3 EL Olivenöl
8 Lammfilets à 80–100 g
  (beim Metzger vorbestellen)
schwarzer Pfeffer aus der Mühle

FÜR DIE BOHNEN
250 g grüne Buschbohnen
250 g gelbe Wachsbohnen
1 Bund Bohnenkraut
Salz
3 Schalotten
2 Tomaten (z. B. Roma)
1 EL Butter

FÜR DIE KARTOFFELWÜRFEL
300 g große festkochende Kartoffeln
500 g Schweineschmalz
  (beim Metzger vorbestellen)
Salz (z. B. Fleur de Sel)

FÜR DAS DRESSING
200 g saure Sahne
Saft und Abrieb von ½ Bio-Zitrone
Salz, schwarzer Pfeffer aus der Mühle
1 Bund Dill

AUSSERDEM
Kochthermometer

Wichtig: Die Leber erst beim Servieren salzen! Sie entwickelt am Stück gebraten einen »echten« Lebergeschmack, der zusammen mit der Apfelsüsse stimmige Akkorde ergibt.

Lammleber im Kräuternetz

1 Das Schweinenetz in kaltem Wasser 24 Std. wässern, dabei das Wasser zweimal wechseln.

2 Die Zwiebeln schälen, vierteln und in feine Streifen schneiden. Äpfel waschen, vierteln, entkernen und in 2 cm große Schnitze schneiden. Rosmarin und Thymian waschen, trocken tupfen und abzupfen. Nadeln und Blättchen mischen und fein hacken. Petersilie waschen, trocken schütteln, fein schneiden und anschließend beiseitestellen.

3 An der Leberunterseite Adern und Sehnen entfernen. In einer großen Pfanne langsam 2 EL Butter schmelzen lassen. Die Leber auf jeder Seite bei mittlerer Hitze in ca. 1 Min. anbraten, sofort herausnehmen, auf einen Teller legen und mit der Hälfte der gemischten Kräuter bestreuen. Zwiebeln in die Pfanne geben und bei mittlerer Hitze glasig dünsten, beiseitestellen. Den Ofen auf 180° (Umluft 160°) vorheizen.

4 Das Schweinenetz ausdrücken und auf der Arbeitsfläche ausbreiten. In der Mitte mit den restlichen Kräutern bestreuen und pfeffern. Die Leber mit der Unterseite darauflegen, das Netz von unten darüber klappen, einmal im Netz aufrollen und wieder auf die Unterseite legen. Netzseiten bis auf 5 cm abschneiden und unter die Leber einschlagen. Die Leber rundum mit Olivenöl einstreichen. Ein tiefes Blech mit Olivenöl bepinseln, in die Mitte die Zwiebeln streuen und darüber die Äpfel geben. Die Leber daraufsetzen, pfeffern und im Ofen (Mitte) in ca. 25–30 Min. rosa garen. Herausnehmen und auf dem Blech ruhen lassen. Äpfel und Zwiebeln auf dem Blech mit Petersilie mischen und nach Belieben leicht salzen.

5 4 EL Olivenöl in einer Pfanne erhitzen und die Baguettescheiben darin auf beiden Seiten goldbraun rösten. Auf Küchenpapier entfetten und mit Fleur de Sel bestreuen. Lammfond erhitzen. Äpfel und Zwiebeln flach auf Tellern verteilen. Die Leber, leicht schräg in 2 cm dicke Scheiben schneiden und dazu legen. Das Ganze mit Lammfond beträufeln, mit Fleur de Sel bestreuen und Baguette anrichten.

FÜR 4 PERSONEN
ZUBEREITUNGSZEIT: 45 MIN.
GARZEIT: 30 MIN.
VORBEREITUNGSZEIT: 24 STD.
PRO PORTION 680 KCAL

FÜR DIE LAMMLEBER
500 g Schweinenetz
  (beim Metzger bestellen)
3 große Zwiebeln
2 säuerliche Äpfel (z. B. Cox Orange)
1 Rosmarinzweig
2 Thymianzweige
1 Bund Petersilie
1 Lammleber (enthäutet vom
  Metzger), ca. 1,2 kg
2 EL Butter
schwarzer Pfeffer aus der Mühle
Olivenöl
Salz
100 ml dunkler Lammfond
  (oder Kalbsfond)

FÜR DAS BAGUETTE
4 EL Olivenöl
4 Scheiben Baguette
Fleur de Sel

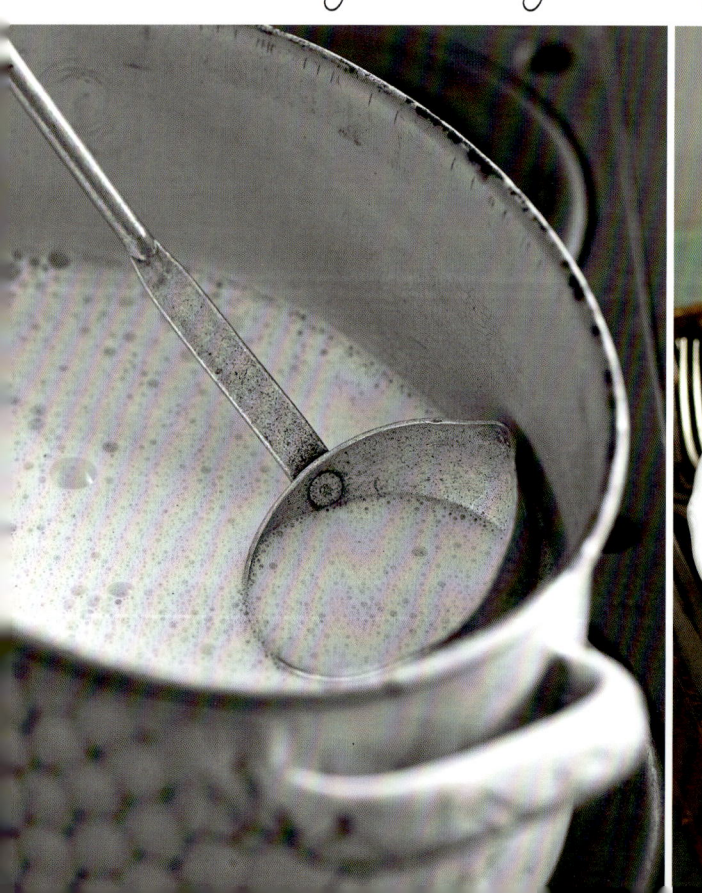

Estragonblättchen geben dem Gericht den letzten Schliff.

Lammschulter-Frikassee mit Tomaten und Estragon

1 Die Schalotte schälen, halbieren und fein würfeln. In einem Bräter das Olivenöl erhitzen und die Lammschulter darin bei mittlerer Hitze von beiden Seiten hellbraun anbraten. Herausnehmen, das Öl abgießen und die Butter im Bräter schmelzen. Schalotten dazugeben und bei geringer Hitze glasig dünsten. Das Mehl mit einem Schneebesen einrühren. Kalte Gemüsebrühe und Weißwein angießen und bei mittlerer Hitze unter Rühren aufkochen. Das Fleisch einlegen, Lorbeerblätter und Pimentkörner zugeben und zugedeckt bei geringer Hitze köcheln. Die Lammschulter wenden und in ca. 1 Std. 30 Min. bis 1 Std. 45 Min. weich garen. Dabei gelegentlich die Sauce umrühren.

2 Die Tomaten waschen, Stielansätze entfernen, häuten, vierteln und entkernen. Den Lauch putzen, halbieren und waschen. In ca. 5 cm breite Stücke schneiden, dann längs in 1 cm breite Streifen schneiden.

3 Das Fleisch herausnehmen und lauwarm abkühlen lassen. Die Sauce durch ein feines Sieb in einen großen Topf gießen. Etwas köcheln lassen und mit Salz und Pfeffer würzen.

4 In einer Pfanne bei mittlerer Hitze 2 EL Butter schmelzen lassen, die Lauchstreifen zugeben und bissfest dünsten. Tomatenviertel zugeben, alles mit Salz und Pfeffer würzen und durchrühren. Estragon waschen, trocken tupfen und abzupfen.

5 Die Lammschulter auf der Innenseite mit einem scharfen Messer am Knochen entlang herausschneiden. Vorsichtig zur Seite klappen und die Knochen aus dem weichen Fleisch ziehen. Das Fleisch in die heiße Sauce geben und ziehen lassen, herausnehmen und portionsweise aufschneiden. Eigelb und saure Sahne verrühren und mit dem Pürierstab in die Sauce mixen. Mit Salz und Pfeffer abschmecken. Das Fleisch mit Sauce auf Tellern anrichten und das Gemüse dazugeben. Mit den abgezupften Estragonblättchen bestreuen.

FÜR 4 PERSONEN
ZUBEREITUNGSZEIT: 45 MIN.
GARZEIT: 1 STD. 30 MIN.
BIS 1 STD. 45 MIN.
PRO PORTION 1010 KCAL

FÜR DAS FRIKASSEE
1 Schalotte
2 EL Olivenöl
1,6 kg Lammschulter
  (mit Knochen, vom Metzger
  am Blatt einschneiden lassen)
30 g Sauerrahmbutter
30 g Weizenmehl
1 l Gemüsebrühe
150 ml trockener Weißwein
3 Lorbeerblätter
8 Pimentkörner
Salz, schwarzer Pfeffer aus der Mühle
1 Eigelb
50 g saure Sahne

FÜR DAS GEMÜSE
4 Tomaten (z. B. Roma)
1 Stange Lauch
2 EL Butter
Salz, schwarzer Pfeffer aus der Mühle
1 Bund Estragon

Info

Die Lammschulter ist gar, wenn sie an ihrer dicksten Stelle leicht und ohne Widerstand einzustechen ist und sich an der Innenseite der Schaufelknochen sichtbar löst.

Lammkeule mit Pilz-Kräuter-Füllung

1 Für die Füllung Champignons putzen und blättrig schneiden. Schalotte schälen und fein würfeln. Kräuter waschen, trocken schütteln, abzupfen und Nadeln und Blättchen fein schneiden.

2 In einer Pfanne 1 EL Butter schmelzen, Schalottenwürfel darin glasig andünsten, dann die Champignons zugeben und ca. 5 Min. mitdünsten. Mit Salz und Pfeffer würzen und in einer Schüssel mit den Kräutern vermischen; abkühlen lassen. Die Masse in die Lammkeule füllen und diese mit einem Zwirn zunähen.

3 Für das Gemüse die Schalotten schälen. Möhren waschen, schälen und quer halbieren. Den Fenchel putzen und mit Strunk sechsteln. Den Backofen auf 200° (Umluft 180°) vorheizen.

4 In einem Bräter 50 ml Olivenöl erhitzen und die Lammkeule darin rundum goldbraun anbraten. Herausnehmen und beiseitestellen. Die Schalotten, Möhren, Fenchel und die ungeschälten Knoblauchzehen kurz anbraten. Die Lammkeule auf das Gemüsebett setzen, mit den restlichen 50 ml Olivenöl übergießen und mit Fleur de Sel sowie Pfeffer würzen. Die Tomaten seitlich in den Behälter einlegen.

5 Das Fleisch im Ofen (Mitte) offen in ca. 1 Std. 30 Min. garen. Nach 15 Min. wenden und 500 ml Wasser angießen. Sobald die Keule goldbraun ist, nochmals wenden und regelmäßig mit dem Bratensaft übergießen. Sobald sie eine Kerntemperatur von 60° erreicht hat, herausnehmen und warm stellen. Den Bräter auf den Herd stellen, den Lammfond dazugeben, die Sauce bei mittlerer Hitze sämig einkochen und dabei am Rand entfetten.

6 In einer großen Pfanne 2 EL Butter schmelzen, die Lorbeerblätter zugeben und die Lammkeule darin wenden. Das Gemüse auf einer vorgewärmten Platte verteilen. Die Keule in 1 cm dicke Scheiben schneiden und auf das Gemüse setzen. Mit der heißen Lorbeerbutter übergießen und die Blätter darauf verteilen. Mit Fleur de Sel und Pfeffer abschmecken. Die Sauce mit etwas Zitronenabrieb verfeinern und separat servieren.

FÜR 6 PERSONEN
ZUBEREITUNGSZEIT: 45 MIN.
GARZEIT: CA. 1 STD. 30 MIN.
PRO PORTION 820 KCAL

1 Lammkeule, 1,5–1,8 kg
  (vom Metzger den Knochen
  hohl auslösen lassen)
100 ml Olivenöl
Fleur de Sel
schwarzer Pfeffer aus der Mühle
2 EL Sauerrahmbutter
6 Lorbeerblätter

FÜR DIE FÜLLUNG
150 g Champignons
1 Schalotte
1 Thymianzweig
1 Rosmarinzweig
1 Minzezweig
1 Bund glatte Petersilie
1 EL Sauerrahmbutter
Salz, schwarzer Pfeffer aus der Mühle

FÜR DAS GEMÜSE UND DIE SAUCE
11 Schalotten
3 Möhren
2 Fenchelknollen à 150 g
2 Knoblauchzehen
3 geschälte Tomaten
  (aus Glas oder Dose)
200 ml dunkler Lammfond
Abrieb von 1 Bio-Zitrone

AUSSERDEM
Haushaltszwirn
Bratthermometer

Forelle

Dem ursprünglichen Lebensraum von Bachforelle, Saibling und Co. sind die großzügigen Teiche in der oberbayerischen Fischzucht der Familie Birnbaum nachgebildet. In den sauerstoffreichen, sauberen Gewässern wachsen die begehrten Speisefische in aller Ruhe heran.

Wildes Treiben im Jungfischbecken.

Roh marinierte Bachforelle mit Meaux-Senf und Blattspinat

1 Die Forellenfilets mit einer Pinzette von eventuell verbliebenen Gräten befreien und kalt stellen.

2 Vom Blattspinat die groben Stiele entfernen, zwei- bis dreimal in kaltem Wasser waschen, trocken schleudern und beiseitestellen. Den Friséesalat waschen und trocken schleudern.

3 In einem kleinen Topf Preiselbeeren und Zucker vermischen und bei mittlerer Hitze köcheln, bis sich der Zucker aufgelöst hat. Abkühlen lassen und beiseitestellen.

4 Für die Marinade in einer kleinen Schüssel beide Senfsorten, Olivenöl, Rotweinessig und Sojasauce mit dem Schneebesen zu einer glatten Sauce verrühren. Mit Salz und Pfeffer nicht zu kräftig würzen. Einen großen Teller dünn mit ca. einem Drittel der Marinade bepinseln.

5 Die Forellenfilets vom Schwanzstück beginnend mit einem scharfen Messer schräg in ca. 3 mm dünne Scheiben schneiden. Die Scheiben nebeneinander auf dem bestrichenen Teller auslegen und mit wenig Salz und Pfeffer würzen. Mit einem weiteren Drittel der Marinade dünn bepinseln.

6 Friséesalat und Blattspinat in feine Stücke zupfen und in einer großen Schüssel vermischen. Mit der restlichen Marinade anmachen, salzen und pfeffern. Auf einer Servierplatte anrichten, die marinierten Forellenfilets darauflegen und mit den Preiselbeeren garniert servieren.

FÜR 4 PERSONEN
ZUBEREITUNGSZEIT: 35 MIN.
PRO PORTION 380 KCAL

1 frische Bachforelle, ca. 500 g
   (ausgenommen und filetiert)
200 g grober Blattspinat
   (Winterspinat)
50 g gelbes Herz vom Friséesalat
80 g Preiselbeeren, frisch oder TK
1 EL Zucker

FÜR DIE MARINADE
2 EL Meaux-Senf (körniger Senf)
1 TL süßer Senf
100 ml bestes Olivenöl
1 EL feiner Rotweinessig
10 ml Sojasauce
Salz, schwarzer Pfeffer aus der Mühle

Mit Gänseblümchen garniert wird aus dem Tatar eine frühlingshafte Vorspeise.

Forellentatar mit rohen Steinpilzen

1 Die Forellenfilets kalt abwaschen und trocken tupfen. Dann längs in 5 mm dünne Streifen und quer in 5 mm kleine Würfel schneiden, mit Klarsichtfolie abdecken und kalt stellen.

2 Für die Marinade in einem hohen Gefäß Olivenöl, Eigelb, Senf, Fleischbrühe, Cayennepfeffer und Kapern mischen. Die Gürkchen und das Stück Sardellenfilet fein schneiden und dazugeben. Die Zutaten mit dem Mixstab pürieren und mit Salz und Pfeffer würzen.

3 Den Schnittlauch waschen, trocken schütteln und dann in sehr feine Ringe schneiden.

4 Die Steinpilze mit einem feuchten Tuch reinigen und die Stiele mit einem scharfen kleinen Küchenmesser putzen. Dann die Steinpilze längs mit einem scharfen Messer in 2 mm feine Scheiben schneiden. Die Pilzscheiben flach auf einem großen Teller oder eine Platte verteilen.

5 Das Forellentatar nach Belieben mit einem Teil oder der gesamten Menge der Marinade mischen sowie Salz und Pfeffer würzen. Jeweils ein Häufchen Tatar in die Tellermitte setzen. Die Steinpilzscheiben mit Olivenöl und Zitronensaft beträufeln und Salz und Pfeffer würzen. Locker vermischen und um das Tatar verteilen. Mit Schnittlauch bestreuen.

FÜR 4 PERSONEN
ZUBEREITUNGSZEIT: 35 MIN.
PR O PORTION 485 KCAL

400 g Forellenfilets
  (ohne Haut und Gräten)
FÜR DIE MARINADE
100 ml bestes Olivenöl
1 Eigelb
½ TL scharfer Dijon-Senf
50 ml lauwarme Fleischbrühe
1 Prise Cayennepfeffer
½ TL Kapern
2 Cornichons
1/3 Sardellenfilet
Salz, schwarzer Pfeffer aus der Mühle
FÜR DIE STEINPILZE
1 Bund Schnittlauch
150 g kleine feste Steinpilze
  (»Champagnerkorken«)
50 ml bestes Olivenöl
frischer Saft von ½ Zitrone

Forelle mit Lauchgemüse und Zitronen-Jus

1 Die Forellenfilets kalt abwaschen, trocken tupfen und anschließend kalt stellen.

2 Die Tomaten waschen, Stielansätze entfernen, häuten, vierteln und entkernen. Das Fruchtfleisch vierteln und in 1 cm große Würfel schneiden. Vom Lauch das Grün entfernen, die Stangen gründlich waschen und in 1 cm dicke Ringe schneiden. Die Zitronen mit dem Messer bis ins Fruchtfleisch schälen, filetieren und mit der Hand den Saft aus der restlichen Frucht ausdrücken. Den Dill waschen, trocken schütteln, abzupfen und möglichst fein schneiden.

3 Zwei Pfannen (ø 30 cm) dünn mit jeweils 1 TL (ca. 10 g) Butter ausfetten und eng mit Lauch belegen. Mit Salz und Pfeffer würzen. In jede Pfanne 100 ml Wasser gießen, je 1 Lorbeerblatt und 1 EL Butter zufügen. Dann die Forellenfilets darauflegen.

4 Die restliche Butter (100 g) in einem kleinen Topf schmelzen und unter Rühren bei mittlerer Hitze köcheln, bis sie hellbraun ist und beiseitestellen.

5 Eine Pfanne mit Lauch und Forelle auf dem Herd erhitzen. Lauch und Forellenfilets zugedeckt bei mittlerer Hitze in ca. 2 Min. glasig dünsten. Die Filets herausnehmen und warm stellen. Den Sud mit dem Lauch sämig einkochen, die Hälfte der Tomatenwürfel hinzufügen, mit der Hälfte des Dills bestreuen und je 1 TL Butter zugeben. Nach Belieben mit Salz und Pfeffer würzen. Warm stellen und den Vorgang mit der zweiten Pfanne wiederholen. Das Gemüse auf Teller verteilen, die Forellenfilets mit der Hautseite nach oben darauflegen.

6 Die braune Butter erhitzen, den Kalbsfond einrühren und kurz aufkochen. Die Zitronenfilets hinzufügen und mit Fleur de Sel abschmecken. Vorsichtig die Haut der Forellenfilets abziehen und mit Zitronen-Jus begießen.

FÜR 4 PERSONEN
ZUBEREITUNGSZEIT: 35 MIN.
PRO PORTION 490 KCAL

4 Forellenfilets mit Haut à 150–180 g
FÜR DAS LAUCHGEMÜSE
2 Tomaten (z. B. Roma)
2 Stangen Lauch (ca. 400 g)
1 Bund Dill
160 g Sauerrahmbutter
Salz, schwarzer Pfeffer aus der Mühle
2 Lorbeerblätter
FÜR DEN ZITRONEN-JUS
2 Zitronen
50 ml dunkler Kalbsfond (Glas)
1 EL Butter
Fleur de Sel

Info

Bei Forellen ist es wichtig, sie auf den Punkt zu garen. Die Garmethode mit Haut ist optimal für diesen Zweck.

Der feine Geschmack von Gemüse und Kartoffeln in Kombination mit den unterschiedlichen Aromen und dem Lardo bringt den Eigengeschmack der Forelle nahezu perfekt zur Geltung.

Gegrillte Forelle mit Lardo

1 Die Forellenfilets kalt abwaschen und trocken tupfen. Mit einem scharfen Messer die Haut vorsichtig und in jeweils 1 cm Abstand ca. 3 cm lang einschneiden, ohne das Fleisch zu verletzen. Filets kalt stellen.

2 Die Schalotte schälen und fein würfeln. Den Fenchel waschen, putzen, vierteln und mit Strunk in 1 cm dicke Würfel schneiden. Die Möhre schälen, längs halbieren, vierteln und in 1 cm dicke Würfel schneiden. Kartoffeln waschen, schälen, dann in 1,5 cm große Würfel schneiden.

3 In einer großen Pfanne bei mittlerer Hitze 1 EL Butter schmelzen. Die Schalotten darin glasig andünsten. Fenchel-, Möhren- und Kartoffelwürfel zugeben und ca. 2 Min. mitdünsten. Knoblauchzehe mit Schale andrücken und dazugeben. Mit ca. 300 ml Wasser bedecken und mit Salz und Pfeffer würzen. Lorbeer und die ganze Chilischote einlegen. Ca. 12–15 Min. garen – die ersten 5 Min. mit Deckel, dann offen. Das Gemüse sollte noch leicht bissfest sein. Dann die Pfanne vom Herd ziehen und beiseitestellen.

4 Den Ofen auf Grillstufe (200°) vorheizen. Die Forellenfilets mit der Hautseite nach oben auf das Gemüsebett legen. 2 EL Butter in einem kleinen Topf schmelzen. Den Lardo zwischen den Filets verteilen, alles mit flüssiger Butter bepinseln und Salz und Pfeffer würzen. Die Forellenfilets im Ofen (2. Einschub von oben) in ca. 5 Min. glasig grillen.

5 Die Pfanne herausziehen, Forellenfilets und Lardo herausnehmen und warm stellen. Das Gemüse bei mittlerer Hitze leicht sämig einkochen. Lorbeerblätter, Chilischote und Knoblauch entfernen. Petersilie waschen, trocken schütteln, abzupfen und grob schneiden. 2 EL Butter in das Gemüse rühren, mit Salz, Pfeffer und etwas Zitronensaft abschmecken und mit Petersilie bestreuen. Auf Tellern anrichten, die Forellenfilets und den Lardo portionsweise darauflegen und heiß servieren.

FÜR 4 PERSONEN
ZUBEREITUNGSZEIT: 1 STD.
PRO PORTION 430 KCAL

4 Forellenfilets mit Haut à 150 g
1 Schalotte
1 Fenchelknolle à 300 g
1 mittelgroße Möhre
300 g vorwiegend festkochende Kartoffeln (z. B. Agria)
5 EL Sauerrahmbutter
1 Knoblauchzehe
Salz, schwarzer Pfeffer aus der Mühle
2 frische Lorbeerblätter
1 kleine rote Chilischote
8 Scheiben Lardo, 2 mm dick
1 Bund glatte Petersilie
Saft von ½ Bio-Zitrone

Huhn

*Abkömmling des ehemals von österreichischen Kaisern
geschätzten Sulmtaler Huhns ist das Herrmannsdorfer Landhuhn.
Die Hennen und Hähne sind nicht nur ausgesprochen hübsch anzusehen,
sondern liefern Fleisch und Eier von ausgezeichneter Qualität.*

Gackernde Hühnergesellschaft beim Scharren.

Zeit zum Eierlegen, Zeit zum Wachsen und Gedeihen.

EIN BESUCH BEI KARL SCHWEISFURTH IN GLONN

Von glücklichen Hühnern und stolzen Gockeln

Ihre Majestät sind ein Huhn. Tatsächlich sind die Schönheiten, die hier in ihrem großzügigen Gehege auf dem Gelände der Herrmannsdorfer Landwerkstätten scharren, gackern und – abgesehen von den Hähnen, die sich seit jeher aufs Stolzieren verlegt haben – ja, herumflitzen, Abkömmlinge ehemaliger Lieblinge der österreichischen Kaiser. Genauer gesagt der Leibspeisen der österreichisch-ungarischen Herrscher. Mit seinem kastanienbraunen Schopf, rotbraunen Hals- und Sattelbehang und grün glänzender Brust, Flügel und Schwanz ist der Sulmtaler Hahn der Aristokrat unter den alten Hühnerrassen. Seine Hennen beeindrucken mit elegant-weizenfarbigem lockerem Gefieder, feinem Knochenbau und adrettem Federhäubchen – eben echte Kaiserhühner. Henne und Hahn dieser österreichischen Naturhuhnrasse sind heute in der Spitzengastronomie höchst geschätzt. Das Herrmannsdorfer Landhuhn hat viel Ähnlichkeit mit seinen Vorfahren und Verwandten und ist der viel geliebte Neuzugang hier auf dem Hof.

NIEDERGANG EINER HÜHNERARISTOKRATIE

Unter den mitteleuropäischen Hühnerrassen genoss das Steirerhuhn nicht umsonst und seit jeher einen ausgezeichneten Ruf. Zur Kaiserkrönung Napoleons im Jahr 1804 ließen die Chefs de cuisine für das festliche Diner sogar das heimische Bresse-Huhn links liegen und bestellten stattdessen Hähne und Hühner aus Österreich. Mit der Zeit setzten Züchter jedoch auf die Einführung von größeren und schwereren Fleischrassen, die auf der anderen Seite auch eine stärkere Legeleistung boten. Nur ließ durch derartige Kreuzungen im Lauf der folgenden Jahrzehnte die Fleischqualität des ehemaligen Edel-Huhns allerdings merklich nach. Für die hohe Küche war das echte Steirerhuhn damit Vergangenheit geworden.

… UND IHRE WIEDERGEBURT

Im slowenischen Cilli begannen engagierte Züchter zu Beginn des 20. Jahrhunderts aus unverfälschten Geflügelbeständen des Sulm- und Saggautales, der

Munteres Treiben und Picken auf der Wiese. Hühnerfamilien unter sich.

sogenannten Kornkammer des Weinlandes, mit der Wiederbelebung der früher so geschätzten Zweinutzungsrasse. Das mit viel Geduld und Zeit rückgezüchtete Sulmtaler Huhn fand endlich wieder als Fleischhuhn Verwendung und galt als hoch geschätzter Eierlieferant von bester Qualität.

Als Naturrasse ist das Sulmtaler Huhn äußerst robust und widerstandsfähig. Es übersteht jedes Wetter und jede Witterung, egal, ob es regnet oder stürmt, und sucht sich selbst sein Futter. Das tut es am liebsten auf fetten, ergiebigen Äckern, in Wäldern und zwischen Obstbäumen. Auf den kleinen Bauernhöfen in der Südsteiermark mit ihren extremen Hanglagen versorgte das Zweinutzungshuhn seine Halter mit Eiern und Fleisch und wurde so nicht nur zu einer bedeutenden Versorgungs-, sondern auch Einnahmequelle. Trotzdem konnten sich die Bestände in Österreich wie auch in Deutschland nur langsam festigen und das Sulmtaler Huhn – obwohl von Slow Food auf die »Arche des Geschmacks«, einer Initiative zur Erhaltung lokaler und regionaler Nutztier- und Nutzpflanzenarten erhoben – gilt immer noch als gefährdet.

WARUM WIR RASSEHÜHNER BRAUCHEN

In Deutschland mangelte es einst nicht an Hühnervielfalt, zumindest bis in die 60er-Jahre des letzten Jahrhunderts. Jede Region hatte damals ihren Geflügelbestand, ihren Schlag, und züchtete ihre eigenen Hühner. Die Hähne und ihre Hennen liefen auf den Höfen mit und mussten sich ihr Futter selbst suchen. So entstand eine Unmenge robuster Rassen, die sowohl Fleisch als auch Eier lieferten, heute allerdings ausgestorben sind.

Denn um die Mast- bzw. die Legeleistung der Tiere zu verbessern, wurde nach dem Zweiten Weltkrieg in der gewerblichen Fleisch- und Eierproduktion nun ausschließlich auf sogenannte Hybridrassen gesetzt, und die staatlich unterstützte Züchtung wurde eingestellt. Hybridrasse nennt man die Kreuzung einer Vater- und einer Mutterlinie verschiedener Inzuchtlinien.

Ihr Vorteil: Die Struktur des Erbguts ist einheitlich, womit die Zucht von Hochleistungs-Geflügel und »Massenware« möglich wurde.

Die erste Nutztierart der industriellen Landwirtschaft war geboren, und die Rassehühner verschwanden von einem Tag auf den anderen aus der bäuerlichen Welt. Allenfalls Hobbyzüchter kümmerten sich noch um die Vermehrung alter Naturrassen. Allerdings stand jetzt eher das gute Aussehen der Hühnerschar im Schrebergarten-Szenario im Mittelpunkt, denn das Eierlegen oder die Mast. Heute bemühen sich vereinzelt private Züchter um Rückzüchtungen alter Rassen, wie etwa das Augsburger Huhn mit einer guten Legeleistung oder das Deutsche Lachshuhn.

FÜR EIN BESSERES HÜHNERLEBEN

Natürlich gibt es neben Hybrid-Hühnern und den raren Rassehühnern auch Bio-Freilandhühner, deren Fleisch eine gute Qualität verspricht. Nur stammen auch diese Tiere ursprünglich von einem der weltweit vier Konzerne, die auf die Zucht von Mast- und Legehybridrassen spezialisiert sind. Und: Die Bio-Masthühnchen leben zwar dreimal so lang wie ihre Cousins und Cousinen aus konventioneller Mast. Trotzdem ist ihr Leben für ein Hühnerleben, wie es sein sollte, viel zu kurz. Für manche sogar kürzer als kurz: So werden die kleinen Brüder von Legehennen schon am Tag des Schlüpfens getötet – auch für ökologisch wirtschaftende Betriebe. Ihr Fehler: Die Küken können aufgrund ihres Geschlechts später keine Eier legen und sind nicht zur Mast geeignet.

Schon seit Jahren ist das Huhn für Karl Schweisfurth eine Herzensangelegenheit. Er suchte sich Kontakte zu Züchtern von Sulmtaler Hühnern, erbaute Ende 2008 eine kleine Zuchtstation bei den Hermannsdorfer Landwerkstätten und nahm die gesamte Kette der Zucht von den Elterntieren über das Brüten, die Kükenaufzucht bis zur Mast bzw. zu den Legehennen in die Hand. Später sollen – so die Idee – andere Bauern aus der Region das System übernehmen.

ICH WOLLT, ICH WÄR' EIN HUHN

Mit der Entwicklung seines Projekts kann Karl Schweisfurth zufrieden sein. Es ist ihm gemeinsam mit anderen Züchtern gelungen, ein leistungsstarkes Rassehuhn zu vermehren, das Fleisch und Eier von ausgezeichneter Qualität liefert. So schließt sich erneut ein Kreislauf: Die Hennen liefern aromatische Eier mit einer festen rahmfarbigen Schale, und die Hähne nach etwa fünf Monaten Fleisch von ausgezeichneter Qualität und hohem Nährwert, da die Tiere aufgrund ihrer Bewegungsfreude und ihres langen Lebens hochwertiges Muskelfleisch entwickeln können.

Dem Herrmannsdorfer Landhuhn scheint das ganz egal zu sein. Es genießt sein schönes Leben, hat schon als Küken früh Zugang zum Freiland und sucht sich im Boden, was ihm schmeckt, scharrt und läuft und hüpft, dass es eine wahre Freude ist. Der Landadel hat ernst zu nehmenden Zuwachs bekommen.

Mutter und Tochter genießen das Landleben.

Eine raffinierte, fein abgeschmeckte Kombination von »kleinen« Teilen vom Huhn, die oft wenig Beachtung in der Küche finden.

Variationen von Hühnerlebern und -flügeln

1 Die Flügel waschen, trocken tupfen und im Gelenk halbieren. Flügelspitzen entfernen. Das Fleisch am unteren Gelenkknochen kreisrund einschneiden und mit dem Messer zu einem kleinen Wulst nach unten drücken. Lebern waschen, trocken tupfen, eventuelle Sehnen vorsichtig entfernen, dann halbieren.

2 Für die Sauce die Schalotten schälen und fein würfeln. In einem kleinen Topf den Zucker bei mittlerer Hitze hellbraun karamellisieren. Schalotten zugeben und glasig andünsten. Mit Rotweinessig ablöschen und verdampfen lassen. Portwein und dann Geflügelfond dazugeben und leicht salzen. Die Sauce bei geringer Hitze auf die Hälfte einkochen und beiseitestellen.

3 Die Kartoffeln waschen und längs je nach Größe in Viertel bzw. Sechstel schneiden. Den Blumenkohl waschen und ca. 3 cm kleine Röschen herausbrechen. Den Backofen auf 220° (Umluft 200°) vorheizen.

4 Auf einem tiefen Blech Hähnchenflügel, Kartoffelschnitze und Blumenkohl verteilen. Alles leicht salzen und pfeffern, dann mit dem Olivenöl begießen und vorsichtig mischen. Im Ofen (Mitte) in ca. 25 Min. knusprig braten. Rosmarin und Petersilie waschen, trocken schütteln und abzupfen. Nach ca. 12 Min. Rosmarin über die Flügel streuen und diese wenden.

5 Inzwischen in einer Pfanne 1 EL Butter schmelzen und die Lebern darin bei mittlerer Hitze rundherum in ca. 5 Min. rosa braten. Herausnehmen und warm stellen. Das Bratfett ausgießen, die Pfanne wieder erhitzen und den Bratensatz mit der Schalottensauce ablöschen. Aufkochen und 1 EL Butter einrühren.

6 Das Blech aus dem Ofen ziehen – die Kartoffeln sollten außen knusprig und innen weich sein. Mit Fleur de Sel würzen und Petersilie bestreuen. Das Gemüse portionsweise auf Tellern anrichten, darauf die Lebern legen und mit Sauce überziehen.

FÜR 4 PERSONEN
ZUBEREITUNGSZEIT: 45 MIN.
GARZEIT: 25 MIN.
PRO PORTION 805 KCAL

12 Hähnchenflügel
12 Hähnchenlebern
500 g mittelgroße festkochende Kartoffeln (z. B. Linda)
1 kleiner Blumenkohl (ca. 500 g)
Salz, schwarzer Pfeffer aus der Mühle
100 ml Olivenöl
1 Rosmarinzweig
1 Bund glatte Petersilie
1 EL Butter
Fleur de Sel

FÜR DIE SAUCE
3 Schalotten
1 EL Zucker
50 ml bester Rotweinessig
50 ml roter Portwein
150 ml Geflügelfond
Salz
1 EL kalte Butter

Hühnerherzen und -mägen benötigen längere Garzeiten.

Hühnerherzen-Confit mit Kartoffeln und Rosenkohl

1 Von den Hühnermägen mit einem scharfen Messer die feste Außenhaut entfernen. Mägen und Herzen kalt waschen und abtropfen lassen. Die Zwiebel schälen, vierteln und in 1 cm große Würfel schneiden. Den Apfel waschen, vierteln und in 1 cm große Würfel schneiden.

2 Für das Gemüse den Rosenkohl waschen, putzen und halbieren, die Kartoffeln waschen und in einem Topf mit Salzwasser, Lorbeer und Kümmel bei mittlerer Hitze weich kochen. Das Wasser abgießen, die Kartoffeln schälen und vierteln. Die rote Zwiebel schälen, vierteln und in 2 mm feine Streifen schneiden. Petersilie waschen, trocken tupfen und grob schneiden. Alles beiseitestellen.

3 Für das Confit Korianderkörner im Mörser zerstoßen. Herzen und Mägen in einen Topf geben, mit dem Olivenöl begießen, Fleur de Sel, Koriander und Lorbeer dazugeben. Zwiebel- und Apfelwürfel untermischen und alles bei geringer Hitze und unter Rühren zugedeckt ca. 1 Std. garen. Die Herzen und Mägen sollten beim Einstechen mit einer Gabel weich sein. Dann herausheben, alle halbieren und beiseitestellen. Das Lorbeerblatt entfernen, den Olivenöl-Fond mit dem Mixstab sämig pürieren und warm stellen.

4 In einer großen Pfanne das Olivenöl erhitzen und die Kartoffelviertel und den Rosenkohl darin goldbraun braten. Rote Zwiebelstreifen, die Herzen und Mägen dazugeben und alles bei starker Hitze 3–4 Min. kräftig rösten.

5 Das Bratfett abgießen, 2 EL Geflügelfond dazugeben und kurz durchschwenken, sodass sämtliche Zutaten in der Pfanne glänzend überzogen sind. Salzen und pfeffern, mit Petersilie bestreuen und in der Pfanne servieren. Dazu die pürierte Olivenölsauce reichen.

FÜR 4 PERSONEN
ZUBEREITUNGSZEIT: 1 STD. 15 MIN.
PRO PORTION 820 KCAL

FÜR DAS CONFIT
250 g Hühnermägen
250 g Hühnerherzen
1 Zwiebel
1 Apfel (z. B. Cox Orange)
½ TL Korianderkörner
200 ml bestes Olivenöl
1 TL Fleur de Sel
1 Lorbeerblatt
2 EL dunkler Geflügel- oder Kalbsfond
schwarzer Pfeffer aus der Mühle

FÜR DAS KARTOFFEL-ROSENKOHL-GEMÜSE
250 g Rosenkohl (oder Schwarzwurzeln, Blumenkohl etc.)
300 g kleine festkochende Kartoffeln (z. B. Bamberger Hörnchen)
Salz
1 Lorbeerblatt
½ TL Kümmel
1 rote Zwiebel
1 Bund glatte Petersilie
2 EL Olivenöl

Info

Das Confieren, das langsame Köcheln im Fett ist bei nahezu fettfreiem Muskelfleisch eine geschmacklich interessante Garmethode.

Gebratener *Bauerngockel*

1 Das Hähnchen kalt waschen und trocken tupfen. Die Flügelspitzen und den Hals abschneiden sowie grob hacken. Petersilie waschen und trocken schütteln. 2 Stiele abzupfen, grob schneiden und beiseitestellen. Das Hähnchen innen salzen, mit dem Petersilienbund füllen und die Fesseln an den Keulen ringsum einschneiden. Außen mit Salz einreiben.

2 Die ungeschälte Knoblauchknolle halbieren. Tomaten waschen, Stielansätze entfernen und halbieren. Zwiebeln schälen und vierteln. Kartoffeln waschen und bürsten. Die Sellerieknolle waschen, bürsten und sechsteln. Möhren schälen und dritteln.

3 Den Backofen auf 225° (Umluft 200°) vorheizen. In einem großen Bräter das Olivenöl erhitzen, das Hähnchen darin bei mittlerer Hitze rundum hellbraun anbraten, herausnehmen und beiseitestellen. Flügelspitzen und Hals darin braun rösten und den Bratensatz mit ca. 100 ml Geflügelbrühe ablöschen.

4 Das Gemüse mit Knoblauch und Lorbeer im Bräter verteilen. Die restliche Brühe aufgießen und aufkochen. Das Hähnchen mit dem Rücken auf das Gemüse legen und zugedeckt ca. 30 Min. garen. Dann offen in ca. 25 Min. goldbraun braten, dabei regelmäßig mit Bratensaft begießen.

5 Das Hähnchen herausnehmen und den Bratensaft in den Bräter gießen: Ist er klar, so ist das Fleisch gar, dann warm stellen. Den Bratenfond in einen Topf geben, entfetten und bei mittlerer Hitze leicht sämig einkochen. Mit Salz und Pfeffer abschmecken. Den Braten zerteilen. Das Gemüse mit dem Bratensaft in einer breiten, flachen Schüssel anrichten, die Fleischstücke darauf verteilen und mit Zitronensaft beträufeln. Zum Schluss mit grob geschnittener Petersilie bestreuen.

FÜR 6 PERSONEN
ZUBEREITUNGSZEIT: 30 MIN.
GARZEIT: CA. 1 STD.
PRO PORTION 665 KCAL

1 Bauernhähnchen, ca. 2,5 kg
  (z. B. Sulmtaler)
1 Bund Petersilie
Salz
1 kleine Knolle Knoblauch
3 vollreife Tomaten (z. B. Roma)
3 mittelgroße rote Zwiebeln
6 mittelgroße festkochende Kartoffeln
  (z. B. Linda)
1 kleine Sellerieknolle à 400 g
2 mittelgroße Möhren (300 g)
4 EL Olivenöl
750 ml Geflügelbrühe
2 Lorbeerblätter
schwarzer Pfeffer aus der Mühle
Saft von ½ Bio-Zitrone

Info

Die beste Zubereitungsart eines Hähnchens oder Huhns ist die im Ganzen. Hier geht der feine Geschmack des Fleischs in alle Komponenten über, ohne den Eigengeschmack der Zutaten zu verfälschen.

Geschmorte Hähnchenkeulen werden besonders saftig.

Gockelkeulen auf Schmorgemüse

1 Die Gockelkeulen kalt abwaschen und trocken tupfen. Mit Salz, Pfeffer und Paprikapulver würzen, dann gleichmäßig mit etwas Olivenöl einreiben.

2 Die Zwiebel schälen und in fein würfeln. Die Schalotten schälen. Den Staudensellerie mit dem Sparschäler dünn schälen, waschen und halbieren, dann auf ca. 20 cm Länge abschneiden.

3 In einem Bräter die Butter schmelzen und die Gockelkeulen auf der Hautseite hellbraun anbraten, wenden und ebenfalls hellbraun anbraten. Dann herausnehmen und beiseitestellen. Den Backofen auf 180° vorheizen.

4 Die Zwiebelwürfel im Bräter anbraten. Staudensellerie, ganze Schalotten und Tomaten einlegen. Weißwein und Geflügelfond angießen. Knoblauch und Lorbeerblätter dazugeben und alles aufkochen lassen, bei geringer Hitze köcheln lassen. Die angebratenen Gockelkeulen mit der Hautseite nach unten einlegen, sodass sie ca. zur Hälfte mit Flüssigkeit bedeckt sind.

5 Im Backofen offen ca. 20 Min. schmoren, umdrehen und mit der Hautseite nach oben weitere 35–40 Min. weich garen. Alle 10 Min. mit dem Bratenfond übergießen. Die gegarten Keulen herausnehmen und warm stellen.

6 Den Bräter auf die Herdplatte stellen und die Sauce leicht köcheln lassen. Sämtliches Gemüse herausnehmen und warm stellen. Den Fond entfetten und mit Salz abschmecken. Dann etwas einkochen und nach Belieben mit 1 EL fein geriebener, roher Kartoffel binden.

7 Die Hähnchenkeulen auf einer Platte mit dem Gemüse, Lorbeerblättern und der Sauce servieren.

Info

Als Schmorgericht eignen sich die Keulen natürlich am besten, da guter Geschmack und auch Saftigkeit gewährleistet sind.

FÜR 4 PERSONEN
ZUBEREITUNGSZEIT: 1 STD. 30 MIN.
GARZEIT: 1 STD.
PRO PORTION 360 KCAL

FÜR DIE SAUCE
4 große Gockelkeulen
Salz, schwarzer Pfeffer aus der Mühle
1 EL Rosenpaprikapulver
2 EL Olivenöl zum Einreiben
1 EL Butter

FÜR DAS SCHMORGEMÜSE
1 Zwiebel
4 große Schalotten
2 Staudensellerie
4 geschälte Tomaten aus dem Glas
½ l trockener Weißwein (am besten Riesling Spätlese)
¼ l brauner Geflügelfond
1 Knoblauchzehe mit Schale
4 frische Lorbeerblätter
1 Kartoffel, nach Bedarf

Kartoffeln

Eines der wichtigsten Grundnahrungsmittel ist die Kartoffel.
Ihr Ursprung liegt in den Anden-Staaten Südamerikas, wo sie schon
vor etwa 2000 Jahren kultiviert wurde. Ihren Siegeszug in Europa trat
die vielseitige und vielgestaltige Knolle erst im 16. Jahrhundert an.

Köstlichkeiten aus der Erde

Den Naturlandhof Fröschl gibt es seit über 20 Jahren.

EIN BESUCH BEI ANITA UND LOTHAR FRÖSCHL IN NIEDEREULENBACH

Eine Knolle mit Geschichte

Tartufulo, das italienische Wort für den Edelpilz Trüffel, steht als Namensgeber für die Kartoffel. Mit dem edlen Speisepilz wurde die vielseitige Knolle, die heute von keinem Speiseplan wegzudenken ist, früher gerne verglichen. Heute kennt man sie, je nachdem in welcher Region sie angebaut wird, als Erdapfel, Erdbirne oder auch Grundbirne. Deutschland gehört heute zu den größten Kartoffel-Anbaugebieten Europas. Dabei ist gar nicht ganz klar, wann und durch wen die Kartoffel bis nach Europa gelangte. Sicher ist, dass spanische Konquistadoren das Nachtschattengewächs solanum tuberosum neben dem Gold der Inkas in der ersten Hälfte des 16. Jahrhunderts aus den südamerikanischen Anden auf unseren Kontinent brachten. Hier, an ihrem Ursprungsort, war die Kartoffel durch Kreuzungen zwischen peruanischen und chilenischen Pflanzen entstanden. Kultiviert wurde sie von den Inkavölkern bereits vor 2000 Jahren. Später sollte die vielseitige Knolle dem durch Hungersnöte verwüsteten Europa beim Überleben helfen.

VOM HÜBSCHEN HAARSCHMUCK ZUM GRUNDNAHRUNGSMITTEL

Bis sich die Kartoffeln hierzulande endgültig als Nahrungsmittel durchsetzten, sollte jedoch einige Zeit ins Land gehen. Zunächst beliebt wegen ihres hübschen Aussehens, der zauberhaften Blüten und ihres üppigen Grüns fand die feine Knolle nur als Zierpflanze Eingang in europäische Gärten. Das lag zum einen daran, dass die zu jener Zeit eingeführten peruanischen Kartoffeln auf kurze Tage eingestellt waren, so wie sie in den Tropen herrschen. An den langen Tagen, wie sie in Europa mit Beginn des Frühlings üblich sind, bildeten sie bereits ab Ende April Blüten. Ein beliebter Haarschmuck der Damen bei Hofe. Erst die im 18. Jahrhundert eingeführten chilenischen Kartoffelsorten konnten sich auf unsere Tageslängen einstellen und waren dann daran angepasst über zwölf Stunden zu blühen. Nur dann beginnen sie Reservestoffe in den Knollen einzulagern und unterirdisch neue Kartoffeln anzulegen.

Lothar Fröschl sieht regelmäßig selbst nach seinen wertvollen Kartoffelpflanzen.

CLUSIUS UND DIE BATATE

Der niederländische Botaniker Carolus Clusius (1526–1609), dem im Übrigen auch die Einführung der Rosskastanie, der Tulpe und der Kaiserkrone zu verdanken ist, brachte die Kartoffel in unseren Breiten in Umlauf. Wie kaum einer seiner gelehrten Zeitgenossen kannte er sich mit Pflanzen aus den verschiedensten Gegenden Europas aus. Seine Forschungsreisen führten ihn nach Deutschland, Frankreich, England, Österreich und Ungarn sowie auf die iberische Halbinsel. Clusius züchtete die Kartoffel noch unter ihrem Herkunftsnamen Batate, wie heute auch noch die Süßkartoffel genannt wird.

Ein Kartoffelanbau im großen Stil erfolgte im deutschsprachigen Raum 1716 in Sachsen und ab 1738 in Preußen. Der große Spötter und Aphoristiker Georg Friedrich Lichtenberg machte sich derweil lustig über die von höchster Instanz diktierte Einführung der Knolle. In seinen berühmten Sudelbüchern notierte er: »Gäbe es nur lauter Rüben und Kartuffeln in der Welt, so würde einer vielleicht einmal sagen, es ist schade, daß die Pflanzen verkehrt stehn.«

SIEG DURCH KRIEG

Doch auch das einfache Landvolk begegnete der Kartoffel zunächst mit Misstrauen. Der Grund: Ihre Ähnlichkeit mit halluzinogen wirkenden Giftpflanzen wie Bilsenkraut oder Alraune. Allenfalls als Viehfutter fand die Knolle Verwendung. Selbst Tricks, wie die von Preußenkönig Friedrich II. (1712–1786) öffentlich angeordneten Kartoffelessen oder von Soldaten bewachten Kartoffelfeldern, die die Bauern zum Stibitzen verlocken sollten, brachten wenig. Trotzdem sollte sich die misstrauisch beäugte Knolle durchsetzen: Ihren großen Durchbruch erlebte sie mit dem Siebenjährigen Krieg (1756–1763). Jetzt standen die Herrscher vor dem Problem, wie sie zehntausende von Soldaten durchfüttern sollten. 1756 erließ der Alte Fritz kurz entschlossen den Kartoffelbefehl, der die Bauern ganz einfach zum Anbau zwang. Ihren Durchbruch erlebte die Kartoffel jedoch erst in Folge des Verfalls der Getreidepreise Anfang des 19. Jahrhunderts. Jetzt versprach die Knolle höhere Gewinne – und die im Zuge der Industrialisierung explosionsartig gewachsene Bevölkerung konnte ernährt werden. In einer Odenwalder Chronik steht über die Hungerjahre 1770/1771 geschrieben: »Sogar Erdbirn, welche sonsten nur von armen Leuten verspieset oder dem Vieh zum Futter gegeben worden, siehet man jetzo zu dieser elenden Zeit, in vornehmen Häusern und von zärtlichen Personen essen.«

VOM ARME-LEUTE-ESSEN ZUR DELIKATESSE
Anita und Lothar Fröschl betreiben ihren Biohof in Niedereulenbach im Landkreis Landshut seit nunmehr zwanzig Jahren. Neben den in der Spitzengastronomie hoch geschätzten Kartoffeln baut Lothar Fröschl auch Biogetreide für seine hauseigene Bäckerei an. Er weiß, dass Kartoffeln Sonne, Wärme, Humus und einen lockeren sandigen und stickstoffhaltigen Lehmboden mögen. Als ökologischer Landwirt verzichtet er auf Kunstdünger, Pestizide, Herbizide und Fungizide. Nur so erreicht er bei seinen Lieblingssorten Agria und Linda optimale Geschmacksergebnisse. Um trotz des Verzichts auf Chemie und künstliche Dünger gute Erträge zu erzielen, hat er andere Wege gefunden, um seine Böden mit Nährstoffen anzureichern. Dazu dient eine ausgewogene vier- bis fünfgliedrige Fruchtfolge aus Roggen, Weizen, Kleegras und schließlich Kartoffeln. Was die Frucht des einen Jahres dabei dem Boden gibt, stellt die Nährstoffgrundlage für die Frucht des Folgejahres dar.

OB GELB, OB ROSA ODER BLAU
Der beste Zeitpunkt zum Setzen der Knollen ist je nach Sorte zwischen April und Mai. Große Reihenabstände und eine bewusste Standortwahl schützen die Pflanzen vor Pilzbefall. Die Kartoffelsorten unterscheiden sich sowohl in der Form – es gibt sie länglich, schraubenförmig und rundlich gedrängt –, der Fleisch- und Schalenfarbe – das Spektrum reicht dabei von gelb, rot, blau, hell, dunkel über marmoriert bis rosa –, sowie ihrem Stärkegehalt, und natürlich in ihrem Geschmack.
Speisekartoffeln werden in drei Eigenschaftsgruppen unterteilt: festkochend, vorwiegend festkochend und mehligkochend. Mehligkochenden Kartoffeln sind vor allem in den Küchen Süd- und Ostdeutschland beliebt, z. B. zur Zubereitung von Knödeln, Gratins und Klößen. Die festkochenden Sorten beinhalten deutlich weniger Stärke, platzen beim Kochen kaum und werden gerne als Salatkartoffeln verwendet. Das Äußere der Kartoffeln ist übrigens nicht unbedingt ein Qualitätsmerkmal: Denn die Färbung der Schale ist von den Böden abhängig, in denen die Kartoffeln wachsen. Leichte Sandböden bringen helle Schalen, während humusreiche und lehmhaltige Böden bei der gleichen Sorte zu einer dunkleren Schalenbildung führen können. Die Kartoffeln werden außerdem noch in frühe, mittelfrühe und Spätkartoffeln eingeteilt. Späte Sorten sind besonders gut lagerfähig und werden als Einkellerungskartoffeln verkauft. Früh geerntete Knollen erkennt man an der schuppigen, leicht zu lösenden Schale. Heute stehen einheimische Sorten schon ab Mitte Mai zusammen mit dem Spargel zur Verfügung.

LINDAS RÜCKKEHR
Zu den Lieblingssorten der Fröschls und ihrer Kunden gehört die vorwiegend festkochende Sorte Agria, die festkochende Selma sowie die seit 2010 wieder angebaute Linda. 2007 von Bioland und Slowfood zur »Kartoffel des Jahres« gewählt, wurde Linda besonders geschätzt aufgrund ihres tiefgelben Knolleninneren und ihres besonders aromatischen Geschmacks. Das Problem: Fast alle Kartoffelsorten müssen registriert sein und werden nur unter besonderen Auflagen als Saatgut freigegeben. Diese Sorten genießen dann einen Lizenzschutz für mindestens 20 Jahre. Ist die Lizenz ausgelaufen, darf sie jedermann vermehren. So geschehen bei der alten Kartoffelsorte Sieglinde. Um eine lizenzfreie Vermehrung zu verhindern, wurde die beliebte Linda vom Markt zurückgezogen. Erfolgreiche Proteste von Landwirtschafts- und Umweltorganisationen sorgten dafür, dass Linda vorläufig am Markt bleibt. Den Bio-Landwirt und Gourmet freut es: Mit der Rückbesinnung und Wiederentdeckung traditioneller regionaler Gerichte sind seine geschmackvollen Feldfrüchte in der gehobenen Küche mindestens so gefragt wie einst der Trüffel.

Gemischte Kartoffeln mit Blattspinat und Lauch

1 Die Kartoffeln waschen und bürsten. Jede Sorte in einen eigenen Topf geben und mit Wasser bedecken. Mit je 1 TL Kümmel, 1 Lorbeerblatt und Salz würzen und in ca. 30 Min. weich kochen. Kartoffeln abgießen, noch warm schälen, in 5 mm dünne Scheiben schneiden und beiseitestellen.

2 Vom Lauch die äußeren Blätter abziehen und das obere Grün abschneiden. Halbieren, waschen und quer in ½ cm dicke Scheiben schneiden. Salzwasser in einem Topf zum Kochen bringen, die Lauchscheiben kurz hineingeben, kalt abschrecken und abtropfen lassen.

3 Den Spinat gründlich waschen, verlesen und trocken schleudern. Petersilie waschen, trocken schütteln und abzupfen.

4 In einem flachen Topf die Butter schmelzen und das Mehl mit einem Schneebesen einrühren. Die kalte Brühe portionsweise und unter Rühren dazugeben und langsam bei mittlerer Hitze aufkochen. Mit Salz und Pfeffer würzen. Bei geringer Hitze ca. 30 Min. köcheln und gelegentlich umrühren.

5 Die Kartoffelscheiben in die Mehlschwitze einlegen, den Lauch dazugeben und alles leicht erwärmen. Mit Salz, Pfeffer und Muskat abschmecken. Den Spinat vorsichtig untermischen, die saure Sahne unterrühren, mit Petersilie bestreuen und auf Tellern angerichtet servieren.

Info

Dieses Rezept schmeckt als Hauptgericht oder als feine Beilage zu gekochtem Rindfleisch, Kopffleisch vom Schwein und besonders gut zu frischer Blut- und Leberwurst. Die mehligkochende Kartoffelsorte sorgt hier für den Geschmack, die festkochende für eine attraktive Optik.

FÜR 4 PERSONEN
ZUBEREITUNGSZEIT: 50 MIN.
PRO PORTION 270 KCAL

500 g mehligkochende Kartoffeln
500 g festkochende Kartoffeln
2 TL Kümmel
2 Lorbeerblätter
Salz
1 Stange Lauch
150 g junger Blattspinat
1 Bund glatte Petersilie
30 g Sauerrahmbutter
30 g Mehl
750 ml Fleisch- oder Gemüsebrühe
schwarzer Pfeffer aus der Mühle
etwas frisch geriebene Muskatnuss
100 g saure Sahne

Das Gemüse aus Kartoffeln, Steckrübe, Petersilien- und Schwarzwurzel passt hervorragend zu deftigen Schweinefleischgerichten, gekochtem Rindfleisch oder Kalbszunge.

Kartoffel-Wurzel-Gemüse mit Apfelessig

1 Die Kartoffeln waschen, schälen, in 2 cm große Würfel schneiden und in kaltes Wasser legen. Steckrübe, Möhren und Petersilienwurzeln waschen, schälen und in ca. 1,5 cm große Würfel schneiden. Die Zwiebel schälen, halbieren und fein würfeln. Die Schwarzwurzeln bürsten, schälen und schräg in 2 cm große Stücke schneiden. Die Petersilie waschen, trocken schütteln, grob schneiden und beiseitelegen.

2 In einem flachen Topf 60 g Butter schmelzen und die Zwiebelwürfel darin bei mittlerer Hitze glasig dünsten. Die Kartoffeln abtropfen lassen, mit dem vorbereiteten Gemüse dazugeben und ca. 2–3 Min. dünsten. Dann die Gemüsebrühe angießen, die Lorbeerblätter und die angedrückte, ungeschälte Knoblauchzehe einlegen. Alles aufkochen und mit Salz und Pfeffer würzen.

3 Das Kartoffel-Wurzel-Gemüse zugedeckt ca. 15 Min. bei mittlerer Hitze köcheln lassen. Dann offen und unter Rühren weitere 15 Min. dünsten, bis Wurzeln und Kartoffeln weich sind. Das Gemüse mit einer Schaumkelle herausheben und beiseitestellen. Den Sud sämig einkochen.

4 Das Kartoffel-Wurzel-Gemüse wieder in den Sud geben und nochmals erwärmen. Knoblauch und Lorbeer herausnehmen, die restliche kalte Butter einrühren, Petersilie unterheben und mit Salz, Pfeffer sowie dem Apfelessig abschmecken.

FÜR 4–6 PERSONEN
ZUBEREITUNGSZEIT: 1 STD.
PRO PERSON 290 KCAL

800 g festkochende Kartoffeln
1 kleine Steckrübe
3 Möhren
2 Petersilienwurzeln
1 Zwiebel
2 Schwarzwurzeln
1 Bund glatte Petersilie
120 g Sauerrahmbutter
1 l Gemüsebrühe
3 Lorbeerblätter
1 Knoblauchzehe
Salz, schwarzer Pfeffer aus der Mühle
50 ml Apfelessig

Die Kartoffel-Majoran-Knödel passen ausgezeichnet zu Wild-, aber auch Schmorgerichten vom Rind, da sie kräftige Saucen vertragen.

Kartoffel-Majoran-Knödel mit Champignons

1 Die Kartoffeln waschen, schälen und vierteln. In einen großen Topf mit kaltem Salzwasser geben, aufkochen und ca. 20 Min. garen, bis sie außen weich sind. Dann abgießen und im Topf ausdampfen lassen. Das Mehl sieben. Den Majoran waschen, trocken schütteln und abzupfen.

2 Die Kartoffeln stampfen oder durch eine Kartoffelpresse drücken. Die Arbeitsfläche mit Mehl bestreuen und die Masse darauf verstreichen. 150 g Mehl und Weizenstärke darüber verteilen. Eigelbe und Ei daraufgeben, die Majoranblättchen darüberstreuen und alles mit Salz, Pfeffer und Muskat würzen. Hände mit etwas Mehl bestäuben und die Zutaten zu einem glatten Teig verkneten. Eine Teigkugel formen, mit Mehl bestreuen und ca. 15 Min. ruhen lassen.

3 Reichlich Salzwasser in einem flachen Topf zum Kochen bringen. Die Champignons putzen, entstielen und feinblättrig schneiden. Die Zwiebel schälen und fein würfeln. Den Kerbel waschen, trocken schütteln und fein schneiden. Mit bemehlten Händen aus dem Teig Knödel (Ø ca. 6 cm) formen und in das köchelnde Salzwasser einlegen. Bei starker Hitze aufkochen, sodass die Knödel an die Oberfläche steigen. Dann ca. 15 Min. bei geringer Hitze ziehen lassen.

4 Die Butter in einer Pfanne schmelzen und die Zwiebeln darin glasig dünsten. Die Pilze dazugeben, salzen und pfeffern und bei mittlerer Hitze in ca. 3–4 Min. dünsten. Zum Schluss mit dem fein geschnittenen Kerbel bestreuen. Die Knödel mit einem Schaumlöffel aus dem Topf heben, auf Tellern anrichten und mit den Pilzen servieren.

FÜR 4 PERSONEN
ZUBEREITUNGSZEIT: 1 STD.
PRO PERSON 430 KCAL

FÜR DIE KNÖDEL
1 kg mehligkochende Kartoffeln
Salz
150 g Mehl
1 Bund frischer Majoran
40 g Weizenstärke
2 Eigelbe
1 Ei
Salz, schwarzer Pfeffer aus der Mühle
frisch geriebene Muskatnuss

FÜR DIE CHAMPIGNONS
500 g Champignons
 (oder Pilze der Saison)
1 Zwiebel
1 Bund Kerbel
2 EL Sauerrahmbutter

AUSSERDEM
Mehl zum Bestäuben

Alternativ können Sie die Tarte auch mit feinen, rohen Scheiben von *Forelle, Saibling oder Renke* belegen und dann mit Olivenöl, Salz, Pfeffer und Zitronensaft marinieren. Die saure Sahne mit einem Esslöffel sehr fein geriebenem Meerrettich verfeinern.

Kartoffel-Sellerie-Tartes
mit Saiblingskaviar

1 Die Kartoffeln waschen, schälen und in kaltes Wasser legen. Den Sellerie waschen, bürsten, schälen und halbieren. Den Schnittlauch waschen, trocken schütteln und in feine Röllchen schneiden.

2 Den Kaviar in eine Schüssel geben. Schnittlauchröllchen und Crème fraîche unterrühren und die Masse mit Salz, Pfeffer und etwas Zitronensaft abschmecken. Die Kaviarcreme mit Klarsichtfolie abdecken und kalt stellen.

3 Die abgetropften Kartoffeln und den Sellerie auf einer Vierkantreibe grob raspeln, vermischen und mit Salz und Pfeffer würzen. Die Masse ca. 5 Min. ziehen lassen. Dann mit den Händen das Wasser gut ausdrücken.

4 3 EL Olivenöl in einer Pfanne (ø 13 cm) erhitzen, ein Viertel der Kartoffel-Sellerie-Masse darin ca. 1 cm hoch verteilen. Mit einem breiten Messer den Teigrand abrunden. Die Tarte bei mittlerer Hitze goldbraun und knusprig rösten. Zum Wenden zuerst auf einen Teller und dann mit der anderen Seite in die heiße Pfanne gleiten lassen. 1 TL Butter am Pfannenrand entlang hineinschmelzen und auch diese Tarteseite knusprig braten. Die Tarte herausheben, auf Küchenpapier entfetten und warm stellen. Auf diese Weise weitere 3 Tartes backen.

5 Die Kartoffeltartes auf Tellern anrichten. Mit einem Esslöffel vom Kaviar Nocken abstechen. Auf jede Tarte 1 Nocke setzen, mit 1 Dillzweig garnieren und Olivenöl umziehen.

FÜR 4 PERSONEN
ZUBEREITUNGSZEIT: 1 STD.
PRO PERSON 680 KCAL.

600 g mehligkochende Kartoffeln
1 kleine Sellerieknolle
1 Bund Schnittlauch
250 g Saiblings- oder Felchenkaviar
150 g Crème fraîche
Salz, schwarzer Pfeffer aus der Mühle
Saft von ½ Bio-Zitrone
100 ml Olivenöl
4 TL Butter
4 Dillzweige zum Garnieren
etwas Olivenöl zum Garnieren

Kartoffel-Crêpinettes mit Pfifferlingen

1 Den Schweinebauch in Salzwasser 1 Std. 30 Min. bei geringer Hitze garen. Dabei den Schaum abschöpfen. 1 Zwiebel schälen, halbieren und jede Hälfte mit 1 Lorbeerblatt und 1 Gewürznelke spicken; nach 30 Min. Garzeit mit dem Piment dazugeben. Dann das Fleisch herausheben und abkühlen lassen.

2 Kartoffeln waschen, in einem Topf mit kaltem Wasser geben und aufkochen, Salz, 1 Lorbeerblatt und Kümmel zugeben und in ca. 20 Min. weich garen. 2 Zwiebeln schälen und fein würfeln. Petersilie waschen, trocken schütteln und grob schneiden. Kartoffeln abgießen, schälen und vierteln. In einer Pfanne 2 EL Olivenöl erhitzen, Zwiebeln und Petersilie darin in 5–6 Min. weich dünsten und vom Herd ziehen. Die Kartoffeln untermischen und alles mit einem Kartoffelstampfer stampfen.

3 Schweinebauch längs in feine Scheiben, dann in Streifen und kleine Würfel schneiden und unter die Kartoffelmischung heben. Mit Salz, Pfeffer und Muskat würzen. In einem kleinen Topf die Butter schmelzen und mit 2 EL ein Blech einpinseln.

4 Den Backofen auf 250° (Umluft 220°) vorheizen. Die Filoteigrollen halbieren, ausrollen und mit Butter bepinseln. Für jede Crêpinette ein Viertel der Kartoffelmasse auf ein Teigquadrat geben, unten jeweils 2 cm Rand und an den Seiten 4 cm Rand lassen, aufrollen, seitlich einschlagen und mit der Falz nach unten auf das Blech setzen. Mit Butter bepinseln und in ca. 5–6 Min. im Ofen (Mitte) backen.

5 Pfifferlinge putzen. Schnittlauch waschen, trocken schütteln und fein schneiden. Kirschtomaten waschen und vierteln. Schalotte schälen und fein würfeln. In einer Pfanne 1 EL Butter schmelzen, Schalotten darin glasig dünsten, Pfifferlinge zugeben und bei starker Hitze ca. 3 Min. garen. Salzen und pfeffern. Pilze und Zwiebeln herausheben und warm stellen. Den Sud sämig einkochen. Rotweinessig und Fond zugeben. Wieder sämig einkochen und die Kirschtomaten einschwenken. Die Crêpinettes schräg halbieren, auf Tellern anrichten, Sud und Tomaten dazugeben und mit Pfifferlingen und Schnittlauch bestreuen.

FÜR 4 PERSONEN
ZUBEREITUNGSZEIT: 1 STD.
GARZEIT: 1 STD. 30 MIN.
PRO PERSON 580 KCAL

FÜR DIE CRÊPINETTES
400 g Schweinebauch
  (ohne Knochen und Knorpel)
Salz
3 Zwiebeln
3 Lorbeerblätter
2 Gewürznelken
5 Pimentkörner
500 g mehligkochende Kartoffeln
1 TL Kümmel
1 Bund glatte Petersilie
2 EL Olivenöl
schwarzer Pfeffer aus der Mühle
frisch geriebene Muskatnuss
4 EL Sauerrahmbutter
2 Rollen Filoteig

FÜR DIE PFIFFERLINGE
200 g kleine Pfifferlinge
1 Bund Schnittlauch
12 Kirschtomaten
½ Schalotte
1 EL Sauerrahmbutter
100 ml dunkler Rinderfond
1 EL Rotweinessig

Info

Mit etwas Kalbsleber in der Masse bekommt das Gericht noch mehr Charakter. Als Alternative zum Filoteig können Sie auch ein Schweinenetz (siehe Seite 59) verwenden.

Schwein

Ein fröhliches Schweineleben genießen die Weideschweine im oberbayerischen Herrmannsdorf. Sie stammen vom berühmten baden-württembergischen »Mohrenköpfle« ab, das jahrhundertelang für seine ausgezeichnete Fleischqualität bekannt war.

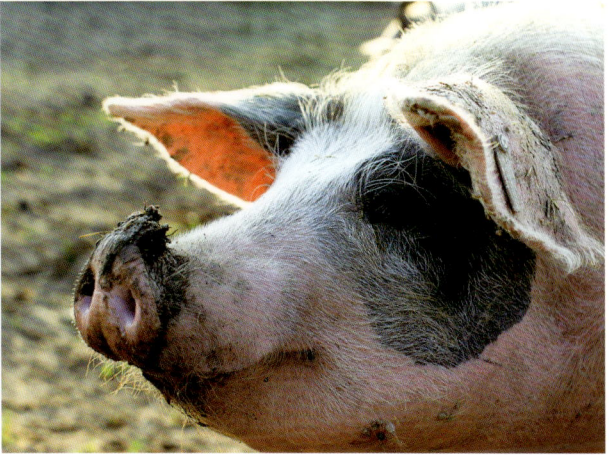

Den lieben Gott einen guten Mann sein lassen und den ganzen Tag wühlen, suhlen und rennen.

EIN BESUCH BEI KARL SCHWEISFURTH IN GLONN

Schwein mit Geschmack

Die Geschichte eines der hübschesten Schweine dieser Welt – und zugleich eines der begehrtesten Fleischlieferanten für die Haute Cuisine – beginnt im Süden Deutschlands, auf einem paradiesischen Flecken Erde im Nordosten von Baden-Württemberg. Zwischen den Waldenburger Bergen mit ihren ausgedehnten Rebflächen und der vormals Freien Reichsstadt Schwäbisch Hall liegt das Land der Burgen und Schlösser, Fürsten und Bauern. Vereinzelt tauchen schmucke Dörfer und einsame Höfe zwischen sanft gewellten Getreidefeldern, wilden Streuobstwiesen, lichten Laubwäldern in den tiefen Flusstälern von Tauber, Jagst und Kocher auf. An den Talhängen weiden Rinder und Schafe. Alte Residenzstädtchen mit Ruinen, Schlössern und Fachwerkhäusern zieren die Bergrücken. Wie aus der Zeit gefallen wirkt die reizvolle Landschaft des ehemaligen Fürstentums im Nordosten Baden-Württembergs. »Eine besonders zärtlich ausgeformte Handvoll Deutschland« nannte sie Eduard Mörike, der hier viele Jahre als dichtender Pfarrer lebte. Bis ins Jahr 1806 regierte das Geschlecht der bei ihren fränkischen Untertanen beliebten Hohenloher die fruchtbare Region, bis sich der württembergische König Wilhelm I. ihre Besitztümer einverleibte. So verschwanden die Grenzen des ehemaligen Fürstentums zwar von der Landkarte, als Gebietsbezeichnung hat Hohenlohe aber überlebt – denn die schwäbische Herrschaft akzeptierte die freiheitsliebenden Hohenloher nie.

MOHRENKÖPFLES WIEDERGEBURT

Für Liebhaber der feinen Küche ist Hohenlohe heute ein Pilgerort. Das liegt nicht zuletzt an dem inoffiziellen, schwarz-weißen Wappentier der Region, dem »Mohrenköpfle« mit seiner weithin gerühmten Fleischqualität. Der schwarzköpfige Abkömmling des seit 160 Jahren in Hohenlohe beheimateten chinesischen Maskenschweins war vor 20 Jahren so gut wie ausgestorben. Gefragt war in der Wirtschaftswunderzeit plötzlich mageres Schweinefleisch mit einer

SCHWEIN 121

Schweinebäckchen in Sellerie-Portwein-Sauce

1 2 l kaltes Wasser in einen Topf füllen, die Schweinebacken einlegen, bei mittlerer Hitze aufkochen und in ca. 60–70 Min. garen. Dabei entstehende Trübstoffe mit einem Schaumlöffel entfernen. Nach 45 Min. Piment, Pfeffer und 1 Lorbeerblatt zufügen. Die Bäckchen sind gar, sobald man sie leicht mit einer Nadel einstechen kann. Vom Herd ziehen und beiseitestellen.

2 Inzwischen die Sellerieknolle waschen, bürsten und sauber schälen. Auf einem Gemüsehobel in ca. 3 mm feine Scheiben schneiden. Den Schnittlauch waschen, trocken schütteln und in feine Röllchen schneiden. Den Lauch putzen, halbieren, waschen und in 5 mm feine Halbringe schneiden.

3 In einer Pfanne (ø 30 cm) die Selleriescheiben kreisförmig auslegen, ca. 150 ml der beiseite gestellten Brühe angießen, das zweite Lorbeerblatt zugeben und mit Pfeffer würzen. Lauch einlegen, aufkochen, abdecken und bei mittlerer Hitze in ca. 8–10 Min. weich dünsten. Die kalte Butter in den Sud rühren und den Portwein dazugeben. Die Selleriescheiben aus der Pfanne nehmen und portionsweise auf Tellern auslegen.

4 Die Schweinebäckchen aus der Brühe heben und längs mit einem Messer halbieren. Je 3 Hälften auf dem Sellerie anrichten. Mit Portweinsauce übergießen, Schnittlauch bestreuen und den Sellerieblättern verzieren. Mit Pfeffer abschmecken.

FÜR 4 PERSONEN
ZUBEREITUNGSZEIT: 30 MIN.
GARZEIT: CA. 60–70 MIN.
PRO PORTION 1 040 KCAL.

6 gepökelte Schweinebäckchen (beim Metzger vorbestellen)
6 Pimentkörner
6 schwarze Pfefferkörner
2 Lorbeerblätter
1 Sellerieknolle (ca. 500 g)
1 Bund Schnittlauch
1 kleine Stange Lauch
schwarzer Pfeffer aus der Mühle
2 EL Sauerrahmbutter
1 EL weißer Portwein
12 gelbe Staudensellerieblätter

Info

Die Schweinebacke hat einen delikaten Eigengeschmack. Da sie aus reinem Muskelfleisch besteht, ist sie besonders zart und saftig. Sie eignet sich deshalb sehr gut für Schmorgerichte und Confits (siehe Seite 91).

Das *Schweinehackfleisch* nach dem Anmachen nicht mehr kalt stellen. In der Kälte verliert sich das Aroma. Dieses Gericht sollte zügig und à la minute zubereitet werden.

Angebratenes Schweinemett mit Senfgurken und Dill

1 Die Zwiebel schälen und fein würfeln. Petersilie waschen, trocken schütteln, abzupfen und fein schneiden. In einer Pfanne 1 EL Olivenöl erhitzen und die Zwiebeln darin glasig andünsten. Petersilie zugeben und 1 Min. mitdünsten. In ein hohes Gefäß geben und mit dem Mixstab pürieren. Mit einer Gabel das Püree mit dem Hackfleisch, den Eiern, Senf, Salz, Pfeffer und Muskat schnell zu einer glatten, lockeren Masse vermischen.

2 Die Gurken waschen, an den Enden um 2 cm kürzen, längs vierteln, mit einem Löffel entkernen und in 1 cm dicke Scheiben schneiden. Die Schalotte schälen und fein würfeln. In einer großen Pfanne die Butter erhitzen und darin die Schalotten glasig dünsten. Die Gurkenstücke kurz mitdünsten. Wermut angießen und alles mit Salz und Pfeffer würzen. Die Gurken zugedeckt bei mittlerer Hitze in ca. 7–8 Min. bissfest dünsten und dann die Pfanne beiseitestellen. Den Dill waschen, trocken schütteln und fein schneiden.

3 Aus der Hackfleischmasse mit feuchten Händen ca. 6 cm große und 2 cm dicke Laibe formen. In der Pfanne 2 EL Olivenöl erhitzen und die Bällchen auf einer Seite in ca. 2 Min. scharf anbraten. Herausheben und warm stellen. In einem kleinen Topf den Kalbsfond erhitzen.

4 Die Gurken bei geringer Hitze erwärmen. Saure Sahne, Senf und Kurkuma einrühren und mit Salz und Pfeffer abschmecken. Zum Schluss Dill darüberstreuen. Die lauwarmen Gurken portionsweise anrichten. Die Mettbällchen mit der angebratenen Seite daraufsetzen und den Zinken einer Gabel je einmal längs und quer über die rohe Oberseite ziehen, damit sich ein Gittermuster bildet. Mit Spuren vom heißen Kalbsfond verzieren und Dillspitzen garnieren.

FÜR 4 PERSONEN
ZUBEREITUNGSZEIT: 25 MIN.
PRO PORTION 610 KCAL

FÜR DIE METTBÄLLCHEN
1 Zwiebel
1 Bund glatte Petersilie
3 EL Olivenöl
600 g bestes Schweinehackfleisch, nicht zu mager
2 Eier
½ TL Dijon-Senf
Salz, schwarzer Pfeffer aus der Mühle
frisch geriebene Muskatnuss
150 ml dunkler Kalbsfond

FÜR DIE SENFGURKEN
2 kleine Salatgurken (oder 1 große)
1 Schalotte
1 EL Sauerrahmbutter
4 cl Wermut (z. B. Noilly Prat)
Salz, schwarzer Pfeffer aus der Mühle
1 Bund Dill
250 g saure Sahne
1 TL Dijon-Senf
1 Msp. Kurkuma

Schweinebauch mit Honigglasur auf grünen Bohnen

1 In einem großen Topf 3 l Wasser aufkochen, salzen und den Schweinebauch darin bei mittlerer Hitze in ca. 1 Std. 15 Min. weich garen. Mit einer Schaumkelle den Schaum abschöpfen. Nach 1 Std. Lorbeer, Piment- und Pfefferkörner zugeben.

2 Bohnen waschen und vom Stielende die Fäden abziehen. Schräg in ca. ½ cm breite Streifen schneiden. Das Bohnen-kraut waschen, trocken schütteln, von der Hälfte die Blättchen abzupfen und fein schneiden, die andere Hälfte beiseitelegen. Den Meerrettich putzen und schälen.

3 Den Fond erwärmen und den Honig darin auflösen. Den Ofen auf 200° (Umluft 180°) vorheizen. Das Fleisch auf ein Blech setzen und die Brühe beiseitestellen. Die Schwarte in ca. 1 cm breite Rauten einschneiden und mit dem Honig-Fleischfond bepinseln. Das Fleisch im Ofen (Mitte) in ca. 1 Std. knusprig braten, dabei immer wieder einpinseln. Die letzten 10 Min. den Grill zuschalten, um eine schöne Kruste zu bekommen.

4 Bohnen mit dem Bohnenkraut in die Brühe geben und in ca. 6–8 Min weich garen. Abtropfen lassen und beiseitestellen. In einem kleinen Topf 1 EL Butter zerlassen und das Mehl einrühren. Die Mehlschwitze mit ½ l heißer Brühe auffüllen und glatt rühren. Bei geringer Hitze und unter Rühren 15 Min. offen köcheln. Durch ein Haarsieb in einen flachen Topf passieren, die Bohnen dazugeben, salzen und pfeffern. Bohnenkrautblättchen dazugeben und mit saurer Sahne verfeinern.

5 Den Schweinebauch aus dem Ofen nehmen. In 5 cm breite Scheiben und dann in 5 cm große Würfel schneiden. Die Bohnen auf einer Platte anrichten und mit den Schweinebauchwürfeln bestreuen. Frischen Meerrettich fein darüber raspeln.

FÜR 6 PERSONEN
ZUBEREITUNGSZEIT: 40 MIN.
GARZEIT: 2 STD. 15 MIN.
PRO PORTION 870 KCAL.

FÜR DEN SCHWEINEBAUCH
1 EL Salz
1,8 kg durchwachsener Schweinebauch mit Schwarte
1 Lorbeerblatt
6 Pimentkörner
10 schwarze Pfefferkörner
50 ml dunkler Schweinebratenfond (ersatzweise Rinderfond)
1 EL Akazienhonig

FÜR DIE BOHNEN
600 g Schnippelbohnen (breite Bohnen)
1 Bund Bohnenkraut
ca. 2 cm frische Meerrettichstange
1 EL Sauerrahmbutter
25 g Mehl
Salz, schwarzer Pfeffer aus der Mühle
50 g saure Sahne

Info

Der Schweinebauch ist ein zu Unrecht verkanntes Stück vom Schwein: Seine Marmorierung macht ihn zu einem der schmackhaftesten Teile.

Haxe, Schulter oder auch der Schweinebauch sind ideal für ein Schweinegulasch. Auch Hals oder Nacken eignen sich. Diese stärker marmorierten Teile sollte man jedoch immer im Ganzen und am Knochen braten.

Schweinegulasch aus der Haxe

1 Das Fleisch in ca. 4 cm große Würfel schneiden. Die Zwiebeln schälen und klein würfeln. Den Ofen auf 190° (Umluft 170°) vorheizen.

2 In einem Bräter das Olivenöl erhitzen, die Zwiebelwürfel darin bei mittlerer Hitze unter Rühren anbraten. Die Tomaten grob würfeln und dazugeben. Mit Paprikapulver, Salz und Pfeffer würzen und weitere 2 Min. rösten. Mit dem Apfelessig ablöschen und diesen in ca. 1 Min. ganz einkochen. Die Fleischwürfel in den Bräter geben und ca. 5 Min. braten. Die Gemüsebrühe dazugießen und aufkochen lassen.

3 Das Gulasch in den Ofen (Mitte) stellen und offen ca. 1 Std. 20 Min. schmoren. Nach der Hälfte der Garzeit das Lorbeerblatt zugeben. Ca. alle 15 Min. vorsichtig umrühren und bei Bedarf noch Gemüsebrühe dazugießen. Das Fleisch ist gar, wenn es mit einer Bratnadel leicht einzustechen ist.

4 Die Zitronenhälfte heiß waschen, abtrocknen, die Schale dünn abschneiden und in ca. 2 mm kleine Würfelchen schneiden. Knoblauch abziehen und vierteln. In einer Schüssel die Zitronenschale, Knoblauch und Kümmel mit der weichen Butter zu einer Paste vermischen.

5 Das Gulasch aus dem Ofen nehmen und auf dem Herd bei mittlerer Hitze köcheln lassen. Nach Geschmack mit der Gewürzpaste würzen und mit Salz und Pfeffer abschmecken. Für eine sämige Konsistenz die rohe Kartoffel schälen, fein raspeln und einrühren. Nochmals aufkochen und servieren.

FÜR 4–6 PERSONEN
ZUBEREITUNGSZEIT: 45 MIN.
SCHMORZEIT: 1 STD. 20 MIN.
PRO PORTION 635 KCAL

1,5 kg ausgelöste Schweinehaxe ohne Schwarte (beim Metzger vorbestellen)
1,5 kg Zwiebeln
50 ml Olivenöl
2 geschälte Tomaten (Dose)
1 EL Paprikapulver, edelsüß
Salz, schwarzer Pfeffer aus der Mühle
50 ml Apfelessig
1,5 l Gemüsebrühe
1 Lorbeerblatt
½ Bio-Zitrone
1 Knoblauchzehe
½ TL Kümmel
½ TL weiche Sauerrahmbutter
½ mehligkochende Kartoffel

Apfel

Auf den Streuobstwiesen der van Nahmens gedeihen an jedem Baum herrlich duftende Einzelstücke mit viel Charakter, von hervorragender Qualität und intensivem Geschmack. Die daraus produzierten Säfte bringen Feinschmecker zum Schwärmen.

Zauberhafte Frühlingsboten für grosse Genusserlebnisse.

Die van Nahmens sind ein Familienunternehmen mit Sinn für Tradition.

EIN BESUCH BEI PETER VAN NAHMEN IN HAMMINKELN

Vom Glück, Apfelbäume zu pflanzen

Über Jahrhunderte waren Streuobstwiesen ein die Landschaft prägendes Element. Bei dieser traditionellen Form des Obstbaus stehen hochstämmige Obstbäume verschiedener Arten, Sorten und Alters »verstreut« auf Grünland. Sie stammt aus einer Zeit, als Landwirtschaft und Obstbau noch echte Handarbeit bedeuteten. Bis heute gibt es in Deutschland knapp Tausend regional angebaute Apfel-, Birnen-, Zwetschgen-, Quitten-, Kirsch- und Walnusssorten, die an ihre jeweiligen Standortbedingungen angepasst sind und eine außerordentliche Vielfalt an Farben, Formen und Geschmackserlebnissen bieten.

Angelegt an Dorfrändern, um Bauern- und Gutshöfe oder in der freien Flur verschönern sie mit ihren unterschiedlichen Wuchsformen, Blüten- und Laubfarben die Regionen und stellen so ein höchst lebendiges Kulturgut dar. Jede Streuobstwiese entwickelt dabei ihre eigene Ästhetik – und ihr ganz besonderes Landschaftsidyll. Dabei sind die Obstbäume erstaunlich robust und gedeihen auch auf mageren Böden oder in Hanglagen, die sich weniger für den Ackerbau eigneten. In früheren Zeiten grasten dann unter den Bäumen Schafe oder schwarz-bunte Rinder die wild wachsenden Wiesenkräuter ab. Das Summen der Honigbienen, die bei der Bestäubung eine wichtige Rolle spielen, erfüllte die sommerliche Luft.

KULTURLANDSCHAFT UND LEBENSRAUM

In jeder bis heute erhaltenen Streuobstwiese steckt die Arbeit vieler Generationen. Und die Menschen wussten, was sie an ihren Bäumen hatten. Das heimische Obst nahm lange Zeit einen hohen Stellenwert bei der Bereicherung des täglichen Speiseplans ein, und das so vielseitig, wie nur möglich: ob frisch vom Baum, als Most oder Saft oder eingemacht als vitaminreicher und geschmackvoller Fruchtvorrat für die kalte Jahreszeit. Darüber hinaus bieten die Streuobstwiesen Tausenden von Tier- und Pflanzenarten einen wertvollen Lebensraum. Vielen vom Aussterben

Boskop-Äpfel mit Salatherzen und Kürbiskernen

1 Den Ofen auf 180° (Umluft 160°) vorheizen. Die Äpfel waschen und mit einem Apfelausstecher oder Messer das Kerngehäuse entfernen. In einem kleinen Topf die Butter schmelzen. 4 Quadrate aus Alufolie (30 x 30 cm) auf der Arbeitsfläche ausbreiten. Die Äpfel mit je 1 TL Butter einpinseln und in die Folie einschlagen. Auf ein Blech setzen und im Ofen (Mitte) in ca. 1 Std. weich schmoren.

2 Den Kopfsalat putzen, waschen und die Salatherzen freilegen. Vom Trevisano den Strunk abschneiden, putzen, zupfen und anschließend trocken schleudern. Basilikum waschen, trocken schütteln und abzupfen.

3 Für die Marinade Olivenöl, Rotweinessig, Salz, Pfeffer und Zucker verrühren. Die Kürbiskerne in einer kleinen Pfanne mit dem Puderzucker mischen, bei mittlerer Hitze hellbraun rösten und anschließend beiseitestellen.

4 Die Äpfel aus dem Ofen holen, die Folie öffnen und etwas ausdampfen lassen. Mit den Händen in der Mitte aufbrechen, sodass das Fruchtfleisch offen liegt. Die gegarten Äpfel portionsweise auf Tellern anrichten.

5 Salatherzen und Trevisano mit der Olivenöl-Marinade anmachen und dekorativ um und über den Äpfeln verteilen. Mit Sultaninen, Basilikum und den gerösteten Kürbiskernen bestreuen. Zum Schluss mit dünnen Fäden von Kürbiskernöl überziehen.

FÜR 4 PERSONEN
ZUBEREITUNGSZEIT: 30 MIN.
SCHMORZEIT: 1 STD.
PRO PORTION 495 KCAL.

4 Äpfel (Boskop)
4 TL Butter
FÜR DEN SALAT
1 Kopfsalat
1 kleiner Trevisano (oder Radicchio)
1 Bund Basilikum
4 EL Kürbiskerne
½ TL Puderzucker
40 g Sultaninen
50 ml Kürbiskernöl
FÜR DIE MARINADE
80 ml Olivenöl
30 ml Rotweinessig
Salz, schwarzer Pfeffer aus der Mühle
½ TL Zucker
AUSSERDEM
Alufolie

Info

Mit einer Füllung aus Marzipan, Mandelgrieß und etwas Rosenwasser ist der in der Folie gegarte Apfel eine feine Beilage zu Ente oder Gans oder eine winterliche Nachspeise.

Diese wunderschöne winterliche Nachspeise lässt sich schnell zubereiten. Besonders gut mit der Säure der Äpfel harmonieren Schokoladen- oder Nougateis.

Karamellisiertes Apfelragout mit saurer Sahne

1 Die Äpfel waschen, schälen und vierteln. Das Kerngehäuse ausschneiden, die Fruchtviertel jeweils halbieren und dann in 2 cm große Würfel schneiden. Die Sultaninen in einer kleinen Schüssel mit lauwarmem Wasser bedecken, den Rum zugeben und einweichen. Aprikosen und Pflaumen in 1 cm große Würfel schneiden. Die Walnüsse vorsichtig knacken, sodass die Kerne möglichst ganz bleiben und vierteln.

2 ½ Zitrone auspressen. In eine Schüssel geben und mit saurer Sahne und Puderzucker glatt rühren.

3 In einer großen Pfanne den braunen Zucker bei mittlerer Hitze hellbraun karamellisieren. Die Nüsse einstreuen und unter Rühren mit einem Holzlöffel kandieren lassen. Apfelwürfel einstreuen, mit Zimt- und Vanillepulver bestäuben und gut mischen. Die Sultaninen leicht ausdrücken, mit den Aprikosen- und Pflaumenwürfeln dazugeben und alles in höchstens 3–4 Min. bissfest garen.

4 Zum Schluss die kalte Butter einschwenken und das warme Apfelragout portionsweise auf Tellern anrichten. Jeweils in die Mitte 1 Kugel Eis setzen, mit Minze garnieren und die saure Sahne dazugeben.

FÜR 4 PERSONEN
ZUBEREITUNGSZEIT: 30 MIN.
PRO PERSON 330 KCAL.

FÜR DAS APFELRAGOUT
3 Äpfel (Boskop)
40 g Sultaninen
2 cl Rum
40 g getrocknete Aprikosen
40 g getrocknete Pflaumen
8 Walnüsse
100 g brauner Zucker
½ TL Zimtpulver
1 Msp. Vanillepulver oder -mark
1 EL kalte Sauerrahmbutter

FÜR DIE SAURE SAHNE
½ Bio-Zitrone
150 g saure Sahne
1 TL Puderzucker

AUSSERDEM
Eiscreme nach Belieben
Minzeblätter für die Garnitur

Apfelscheibchen mit Kresse, Schinken und Pecorino

1 Für die Marinade ½ Zitrone auspressen. Mit 100 ml Olivenöl, Salz und Pfeffer in eine Schüssel geben und mit einem Schneebesen cremig aufschlagen.

2 Von der Kresse Blätter mit Stielen abzupfen, waschen und trocken schleudern. Die Äpfel waschen, vierteln und das Kerngehäuse ausschneiden. Mit einem scharfen Messer der Länge nach in ca. 2 mm dünne Scheiben aufschneiden.

3 Einen großen Teller mit ein wenig Olivenölmarinade bepinseln. Die Apfelscheiben gleichmäßig nebeneinander in Fächerform darauflegen und mit der Marinade bepinseln.

4 In einer großen Schüssel die Kresse mit 1 EL Olivenöl, Salz und Pfeffer vermischen, locker über den Apfelscheiben verteilen und etwas marinieren lassen.

5 In einer Pfanne 1 EL Olivenöl erhitzen und die Schinkenscheiben darin bei mittlerer Hitze von beiden Seiten kross braten. Aus der Pfanne heben, auf Küchenpapier entfetten und über die Äpfel legen. Nach Geschmack Pecorino fein darüberhobeln. Zum Schluss mit Pfeffer abschmecken.

FÜR 4 PERSONEN
ZUBEREITUNGSZEIT: 25 MIN.
PRO PERSON 525 KCAL.

FÜR DIE MARINADE
½ Bio-Zitrone
100 ml Olivenöl
Salz, schwarzer Pfeffer aus der Mühle

FÜR DIE ÄPFEL
1 Bund Brunnenkresse
6 Äpfel (Cox-Orange)
2 EL Olivenöl
12 Scheiben geräucherter Schinken (Parma oder San Daniele)
120 g Pecorino

Info

Rohe Äpfel bilden bei dieser Vorspeise zusammen mit dem Olivenöl ein wunderbares Geschmackserlebnis. Als Variante können Sie die Äpfel auch in 60 g Zucker karamellisieren und warm mit den angegebenen Zutaten servieren.

Die Spitzkrautpäckchen schmecken als Beilage zu deftigen Fleischgerichten, wie gekochtes Eisbein, Schweinebäckchen oder Blutwurst sowie zu feinen kurz gebratenen und geschmorten Wildgerichten.

Spitzkrautpäckchen mit Apfel-Kartoffel-Füllung und Minze

1 Vom Spitzkraut den Strunk abschneiden, putzen und 8 große Blätter abziehen. Waschen, abtropfen lassen und für ca. 1 Min. in einen Topf mit kochendem Salzwasser geben. Herausnehmen, kalt abschrecken und auf Küchenpapier abtropfen lassen. Jeweils die mittlere Blattader mit einem Messer abflachen und die Blätter unten bündig abschneiden.

2 Die Kartoffeln waschen, schälen und vierteln. In einen Topf geben, mit kaltem Wasser bedecken, salzen und in 20. Min. weich kochen. Abgießen, im heißen Topf ausdampfen lassen und anschließend beiseitestellen.

3 Die Äpfel waschen, schälen, vierteln, entkernen und in 1 cm große Würfel schneiden. Apfelwürfel in einen Topf geben und mit 100 g Zucker und dem Weißwein bei geringer Hitze zugedeckt in ca. 15 Min. weich dünsten. Dann offen einkochen, bis die Flüssigkeit verdampft ist. Äpfel in eine Schüssel geben. Kartoffeln mit einer Gabel grob zerdrücken und daruntermischen. Minze abzupfen, waschen, trocken tupfen. Ca. 10 Blätter fein schneiden und darunterheben.

4 8 Spitzkrautblätter auf der Arbeitsfläche auslegen. Jeweils 2 gehäufte EL der Apfel-Kartoffel-Mischung auf die Blattmitte geben und zu kleinen Päckchen einschlagen.

5 Den Ofen auf 200° (Umluft 180°) vorheizen. In einem Topf die Butter schmelzen, eine feuerfeste Form mit 1 TL davon auspinseln und mit 3 EL Zucker bestreuen. 100 g Sahne darin verteilen. Die Krautpäckchen dicht nebeneinander einlegen. Die restliche Sahne angießen, sodass die Päckchen zu zwei Drittel darin liegen. Oben mit Butter einpinseln und im Ofen (Mitte) in ca. 25–30 Min. hellbraun garen, bis die Sahne eine leichte Kruste bildet. Portionsweise auf Tellern anrichten, etwas Sahne aus der Form darum herumlöffeln und mit Minze garnieren.

FÜR 4 PERSONEN
ZUBEREITUNGSZEIT: 45 MIN.
BACKZEIT: 25–30 MIN.
PRO PERSON 445 KCAL.

1 junges Spitzkraut (ca. 600 g)
Salz
FÜR DIE FÜLLUNG
400 g mehligkochende Kartoffeln
4 Äpfel (Cox-Orange)
130 g Zucker
100 ml trockener Weißwein
1 Bund frische Minze
1 EL Butter
Salz
200 g Sahne

Knusprig, weich und fruchtig – ein echtes Lieblingsdessert!

Apfel-Hefeteig-Krapfen

1 Mehl in eine Schüssel sieben und eine kleine Mulde hineindrücken. In einem Topf die Milch mit 1 gehäuften EL Zucker handwarm erhitzen, die Hefe darin auflösen und in die Mehlmulde gießen. Salzen und mit dem Handrührgerät mit Knethaken verkneten. Den Teig mit der Hand weiter glatt kneten. Die Schüssel mit einem Küchentuch abdecken und an einem warmen Ort ca. 45 Min. gehen lassen.

2 Währenddessen die Äpfel waschen, schälen und vierteln, Kerngehäuse entfernen, in 1 cm kleine Würfel schneiden und beiseitestellen. Die Zitrone pressen, die Schale fein raspeln und anschließend beiseitestellen.

3 Die Pflaumen waschen und entsteinen. In einer Pfanne 100 g Zucker bei mittlerer Hitze hellbraun karamellisieren, die Pflaumen zugeben und mit dem Rotwein ablöschen. Die Zimtstange einlegen und zugedeckt bei mittlerer Hitze in ca. 10 Min. dünsten. Offen weiterköcheln, bis der Saft fast verdampft ist. Zimtstange entfernen, die Pflaumenmasse durch ein Sieb streichen, mit Zitronensaft abschmecken und kalt stellen.

4 Den Teig mit dem restlichen Zucker, Ei und Butter verkneten und weitere 30 Min. gehen lassen. Durchkneten und dabei Apfelwürfel, Sultaninen und Zitronenschale einarbeiten. Weitere 10 Min. gehen lassen. Zimt und Zucker auf einem Teller mischen. Minze waschen, trocken schütteln und abzupfen.

5 Das Öl 2 cm hoch in einen flachen Topf gießen und auf ca. 180° erhitzen. Mit einem Esslöffel vom Teig 12 Nocken abstechen und darin rundum goldgelb ausbacken. Die heißen Nocken in der Zucker-Zimt-Mischung wenden. Die Pflaumensauce portionsweise auf Teller löffeln und jeweils 3 Nocken daraufsetzen. Die Minzeblättchen mit Puderzucker bestäuben und über die Apfel-Hefeteig-Krapfen geben.

FÜR 4 PERSONEN
ZUBEREITUNGSZEIT: 45 MIN.
GEHZEIT: 1 STD. 25 MIN.
PRO PERSON 720 KCAL.

FÜR DEN HEFETEIG
250 g Mehl
100 ml Milch
25 g Zucker
15 g frische Hefe
1 Prise Salz
1 Ei
50 g weiche Butter

FÜR DIE APFELFÜLLUNG
2 Äpfel (Cox-Orange)
½ Bio-Zitrone
300 g frische Pflaumen (Alternativ: TK)
100 g Zucker
50 ml Rotwein
1 kleine Zimtstange
40 g Sultaninen
1 TL Zimtpulver
4 EL Zucker

ZUM AUSBACKEN UND GARNIEREN
1 Bund Minze
500 ml Rapsöl
etwas Puderzucker

AUSSERDEM
Kochthermometer

Wild

Die Jagd ist heute ein wesentlicher Bestandteil zur Erhaltung des sensibel abgestimmten Ökosystems von Wald und Flur und spielt eine natürliche Rolle im Jahresablauf.

Zur Jagd zählt neben Geduld und Ruhe eine sichere Hand.

EIN BESUCH BEI FRANZ UND BERNADETTE RIEDERER VON PAAR ZU SCHÖNAU AUF DEM GUTSHOF POLTING

Vom Genuss des edlen Waidwerks

Die Jagd auf Wild geht bis zu den Anfangsgründen der menschlichen Entwicklungsgeschichte zurück. Schließlich stellte das Fleisch von Mammut, Auerochs & Co. neben Wildpflanzen und Wurzeln über Jahrtausende die wichtigste Nahrungsgrundlage der Urmenschen dar. Eine erfolgreiche Jagd diente nicht weniger als dem Überleben. Dabei wurde jeder Bestandteil des erlegten Wilds – gleich ob Wildschwein oder Auerochs – verwendet. Was nicht essbar war, wie etwa das Fell, brauchte man als Kleidung oder Kälteschutz. Aus den Knochen stellte man Werkzeuge und Waffen her. Erst mit der systematischen Viehhaltung und der Viehzucht wurde die Jagd von ihrer lebenserhaltenden Funktion abgelöst.

VON RES NULLIUS ZUM ADELSPRIVILEG
Noch bis ins 7. Jahrhundert hinein durfte in Deutschland jeder Bauer oder Bürger Wild an jedem Ort erlegen, sei es, um seinen Besitz zu schützen oder sich Nahrung zu beschaffen. Es galt das Römische Recht, welches das Wild zur »res nullius«, zur herrenlose Sache, erklärte. Nun strebten der Adel und die Könige nach einer neuen Bewertung der Jagd als Privileg: Die Einrichtung von sogenannten Bannforsten im 9. Jahrhundert schränkten das Recht des freien Tierfangs ein. Nur der Herrscher und sein Hofstaat erlaubten sich nun das edle Waidwerk. Förster übernahmen die Verwaltung der Wälder und Seen, um so die Jagd zum Vergnügen der Oberen zu erhalten.

Dass mancher Herrscher es mit seiner Leidenschaft übertrieb, sorgte für Unruhen im einfachen Volk. So wurde manch einfacher Bauer und Leibeigener nach Bedarf und Belieben der Herrschaft zu Jagdfrondiensten verurteilt. Ein Dienst, durch den er sein eigenes Tagwerk vernachlässigen musste, und wodurch viele Bauernfamilien in Hunger und Elend gerieten. Hinzu kamen grausame Strafen für Wilderer: der Tod durch Strang oder das Schwert oder Handabschlagen waren bei einer derartigen Majestätsbeleidigung wie der Jagd durch Unbefugte durchaus üblich.

Der Chef hat seine Damen immer im Visier.

JÄGEREI: PASSION UND POLITIKUM

Der enorme Jagd- und Wildschaden in Flur und Wald war dann eine der Ursachen für die blutigen Bauernkriege, die Könige, Fürsten, Grafen und Herzöge ab dem 14. Jahrhundert in Angst und Schrecken versetzten. Die königliche Zentralgewalt begann zu schwinden, dafür wuchs die Macht der Landesherren. Das Bannrecht ging jetzt auf sie über, und sie forderten entschieden das Jagdrecht in ihrem Gebiet. Ab 1500 beanspruchten die Landesfürsten schließlich das Jagdausübungsrecht nicht nur in den ehemaligen Bannforsten, sondern im ganzen Land. So entstand mit der Einteilung in hohen und niederen Adel auch die hohe und niedere Jagd. Der niedere Adel und die Bauern durften beispielsweise Hase, Fasan und Reh, also das Niederwild, erlegen, während die hohe Jagd auf Hirsch, Wildschwein oder Gams auch nur dem hohen Adel vorbehalten war.

Im Jahr 1848 änderte sich in Folge der Revolution die bestehende Regelung. Endgültig wurde die Jagd an den Besitz von Grund und Boden gebunden. Mindestgrößen der Jagdflächen wurden vorgeschrieben und Verpachtungen ermöglicht, wenn das Jagdausübungsrecht nicht selber genutzt wurde. Erstmals stellten Behörden Jagdkarten aus, die zu Vorläufern der heute gültigen Jagdscheine wurden. In diese Zeit fällt die Epoche der großen Wilderer. Wildschützen wie Johann Josef Pföderl, der in Bayern sagenhaft berühmte Jennerwein oder auch der »Räuber« Mathias Kneißl erlegten Wild waidgerecht wie rechte Jägersleute und verkauften ihre Beute an Gastwirte oder verteilten sie an Arme. Die Robin-Hood-Manier kam an beim Volk. Es schützte seine Helden, die nichtsdestotrotz allesamt ein trauriges Ende nahmen. Heute unterliegt die Jagd nicht nur nationalen, sondern auch internationalen Bestimmungen. Immer mehr nimmt die Europäische Union auf die jagdrechtlichen und jagdpolitischen Geschicke Einfluss. Ziele und Aufgaben der heutigen Jagd sind unter anderem: eine nachhaltige Nutzung einzelner Wildarten unter Berücksichtigung der Sozialstruktur, Schutz und Erhaltung eines artenreichen und gesunden Wildtierbestandes, Vermeidung von Wildschäden und die Regulierung überhöhter Wildbestände.

DAS FLEISCH FÜR BESONDERE ANLÄSSE

Auch wenn das Jagdrecht eingeschränkt ist, kann heute jeder nach Belieben eine schöne Wildente, ein würziges Rehragout oder einen Rehrücken genießen. Allerdings bleibt Wild immer ein Fleisch für besondere Anlässe, denn vor allem Wild, das auf freier Wildbahn erbeutet wird, gilt als äußerst hochwertig. Doch nicht nur die Herkunft des Wildes spielt eine entscheidende Rolle in Sachen Qualität und Geschmack. Wichtig ist auch treffsicheres Erlegen des Wildes und seine zügige Behandlung nach dem Schuss. Denn erleidet ein Tier vor oder während des Tötens Stress, so bildet es vermehrt Milchsäure, was auch nach seinem Tod im Gewebe verbleibt. Schlechte Treffer und verspätetes Ausweiden führen deshalb zu merklichen Geschmacksbeeinträchtigungen. Frisches Wildbret gibt es nur zu bestimmten Jahreszeiten. Liebhaber freuen sich deshalb besonders auf die Wildsaison im Herbst. Und dann kommt es natürlich auf die Zubereitung von Rücken, Keulen oder Schultern an, damit sich der feine Geschmack von Hirsch und Hase, Wildschwein und Fasan im Zusammenspiel mit den verwendeten Kräutern und Aromen entfalten kann.

ADEL VERPFLICHTET

Seit 1998 setzen Franz und Bernadette Riederer von Paar Schafe zur Pflege der weitläufigen Grünflächen ein. Sie leisten durch ihre schonende Beweidung einen wesentlichen Beitrag zu einem wirksamen und ökologisch herausragenden Landschaftsschutz. Hoch geschätzt werden alle vom Gutshof Polting vertriebenen Produkte. Einen exzellenten Ruf in der Spitzengastronomie genießt das Wild aus der hofeigenen Jagd. Fasane, Wildenten, Wildhasen, Kaninchen und Rehe sind auf dem Gutshof Polting immer frisch und von hervorragender Qualität. Denn der Wertschätzung des Produkts bei gleichbleibender Qualität fühlen sich die Riederers von Paar nicht nur aus Tradition, sondern aus Liebe zum Leben und zur Natur zutiefst verpflichtet.

Der Gutshof Polting ist nicht nur bei Spitzengastronomen bekannt für seine Qualitätsprodukte.

Rehschulter mit Linsen und Wurzeln

1 Die Linsen in einer Schüssel in 500 ml kaltem Salzwasser ca. 3 Std. lang einweichen.

2 Zwiebeln schälen und halbieren. Möhren waschen, schälen und quer halbieren. Die Sellerieknolle bürsten, dünn schälen und sechsteln. Wacholderbeeren, Pfeffer- und Korianderkörner in einem Mörser fein zerstoßen.

3 In einem Bräter den Speck bei mittlerer Hitze kross braten, herausnehmen und beiseitelegen. Im heißen Fett die Rehschulter in jeweils 2 Min. von beiden Seiten scharf anbraten. Rundum mit der Gewürzmischung bestreuen und herausnehmen. Den Ofen auf 190° (Umluft 170°) vorheizen. Petersilie waschen, trocken schütteln, abzupfen und beiseitestellen.

4 Das Gemüse im Bräter kurz anrösten, mit dem Zucker karamellisieren und Rotwein ablöschen. Fleischbrühe zugießen und aufkochen. Die Rehschulter salzen und einlegen. Offen im Ofen (Mitte) in ca. 2 Std. weich schmoren. Dabei regelmäßig wenden und mit Bratensud begießen. Nach 1 Std. 30 Min. die Nadelprobe durchführen: Das Fleisch ist gar, wenn es an der dicksten Stelle leicht einzustechen ist. Herausnehmen und warm stellen.

5 Bratensud und Gemüse bei geringer Hitze köcheln. Linsen abgießen, mit dem Lorbeer dazugeben und in ca. 30 Min. weich garen. In einer kleinen Pfanne 3 EL Olivenöl erwärmen, das Mehl darin hellbraun rösten und beiseitestellen. Etwa die Hälfte der Mehleinbrenne unter die Linsen rühren und quellen lassen. Bei Bedarf noch etwas davon zugeben, bis der Sud sämig ist. Portwein angießen und in 1 Min. sämig einkochen. Mit Johannisbeergelee und Rotweinessig verfeinern. Linsen, Schmorgemüse und Rehschulter portionsweise anrichten. Mit Speck, Petersilie und etwas saurer Sahne garnieren.

Info

Die Rehschulter gilt – nach dem Rücken – als das Premiumstück. Sie eignet sich hervorragend zum Schmoren, z. B. als Gulasch.

FÜR 6 PERSONEN
ZUBEREITUNGSZEIT: 30 MIN.
EINWEICHZEIT: 3 STD.
SCHMORZEIT: CA. 2 STD.
PRO PORTION 775 KCAL.

FÜR DIE LINSEN
200 g grüne Le-Puy-Linsen
1 Prise Salz
1 Lorbeerblatt
3 EL Olivenöl
1 EL Mehl
40 ml roter Portwein
1 TL Johannisbeergelee
1 cl Rotweinessig

FÜR DIE REHSCHULTER
3 Zwiebeln
3 Möhren
½ Sellerieknolle
½ TL Wacholderbeeren
½ TL schwarze Pfefferkörner
½ TL Korianderkörner
12 Scheiben fetter Räucherspeck
2 kg Rehschulter (ausgelöst, beim Metzger vorbestellen)
1 Bund glatte Petersilie
1 TL Zucker
500 ml kräftigen Rotwein (z. B. Barbera)
750 ml Fleischbrühe
Salz
2 EL saure Sahne

Diese Art der Zubereitung eignet sich auch für Fasan oder Perlhuhn. Da die Haut der Wildente *weniger schmackhaft ist, ersetze ich sie durch den Speck, der zudem vor dem Austrocknen schützt.*

Zweierlei von der Wildente mit Lardo und Pilzen

1 Wildentenkeulen und -brüste häuten. Den Ofen auf 200° (Umluft 180°) vorheizen. Wacholder, Piment-, Koriander- und Pfeffer in einem Mörser zerstoßen. Zwiebeln schälen und fein würfeln. Thymian waschen, trocken schütteln und 1 Zweig abzupfen.

2 3 EL Olivenöl in einem Bräter erhitzen, die Keulen darin rundum in 2–3 Min. scharf anbraten und mit drei Viertel der Gewürzmischung bestreuen. Herausnehmen und dann im heißen Öl die Zwiebelwürfel goldbraun dünsten. Portwein, Geflügelbrühe und Fond angießen, Salz und Lorbeerblätter zugeben. Aufkochen und die Keulen einlegen. Zugedeckt im Ofen (Mitte) ca. 30 Min., dann offen 30–45 Min. schmoren.

3 Lardo-Scheiben auf der Arbeitsfläche auslegen und darauf je 1 Entenbrust geben. Diese mit der Seite auflegen, auf der vorher die Haut war. Die kleinen Brustfilets abziehen und beiseitelegen. Das Fleisch in den Speck wickeln. Schalotte schälen und fein würfeln. Egerlinge putzen und blättrig schneiden.

4 Keulen herausnehmen. Die Sauce aufkochen, bei geringer Hitze auf die gewünschte Konsistenz reduzieren und mit Salz abschmecken. Die Keulen einlegen und wieder erwärmen.

5 3 EL Öl in einer Pfanne erhitzen, die Entenbrüste darin rundum scharf anbraten, 4 Thymianzweige einlegen und im Ofen (Mitte) in ca. 4–6 Min. rosa garen. Warm stellen. Das Fett abgießen, die Butter in der Pfanne schmelzen und Schalotten und Pilze darin bei geringer Hitze andünsten. Entenbrüste aus dem Speckmantel lösen, mit den Filets zu den Pilzen geben und 1 ½–2 Min. braten. Mit Thymianblättchen verfeinern und Fleur de Sel sowie der Gewürzmischung abschmecken.

6 Keulen mit Sauce auf Tellern anrichten, die Entenbrüste schräg in dünne Scheiben schneiden und mit den Pilzen dazulegen. Je 1 kleines Brustfilet und 1 Lardoscheibe darübergeben. Mit etwas saurer Sahne garnieren.

FÜR 4 PERSONEN
ZUBEREITUNGSZEIT: 45 MIN.
SCHMORZEIT: CA. 1 STD. 15 MIN.
PRO PORTION 1 550 KCAL.

FÜR DIE ENTENKEULEN
8 Wildentenkeulen (ausgelöst, beim Metzger vorbestellen)
4 Wacholderbeeren
6 Pimentkörner
1 TL Korianderkörner
½ TL weiße Pfefferkörner
2 große Zwiebeln
5 Thymianzweige
3 EL Olivenöl
100 ml roter Portwein
250 ml Geflügelbrühe
250 ml dunkler Kalbsfond
Salz
2 Lorbeerblätter

FÜR DIE ENTENBRÜSTE
4 Wildentenbrüste (ausgelöst, beim Metzger vorbestellen)
4 Scheiben Lardo (oder fetter Räucherspeck)
1 Schalotte
100 g Egerlinge
3 EL Olivenöl
1 EL Butter
Fleur de Sel
50 g saure Sahne

Am Knochen gegart wird der Hasenrücken besonders zart.

Hasenrücken mit glasierten Perlzwiebeln und Äpfeln

1 Den Hasenrücken links und rechts am Rückgrat entlang ca. 1 cm tief einschneiden. Die Perlzwiebeln schälen. Den Apfel waschen, vierteln, das Kerngehäuse entfernen und die Viertel in Spalten dritteln. Pfefferkörner in einem Mörser grob zerstoßen. Thymian waschen und trocken schütteln. Den Ofen auf 200° (Umluft 180°) vorheizen.

2 3 EL Olivenöl in einem Bräter erhitzen und das Fleisch auf beiden Seiten scharf anbraten. Mit 1 TL Pfeffer würzen, den Speckscheiben belegen und im Ofen (Mitte) in ca. 10 Min. »englisch« braten. Zur Probe mit einem Esslöffel das Fleisch am Knochen leicht hinunterdrücken: Es sollte dort noch etwas roh sein. Herausnehmen und offen ruhen lassen.

3 Den Zucker in einem kleinen Topf hellbraun karamellisieren. Die Perlzwiebeln einlegen und mit dem Olivenöl beträufeln. Mit Fleur de Sel würzen, alle Thymianzweige zugeben, die Zwiebeln wenden und zugedeckt bei geringer Hitze in ca. 20 Min. weich garen. Im Bräter 1 TL Pfeffer bei mittlerer Hitze rösten, mit dem Fond ablöschen und aufkochen. Die Perlzwiebeln dazugeben und die Sauce auf die gewünschte Konsistenz reduzieren. Vom Herd ziehen und dann beiseitestellen.

4 Die Filets mit dem Rücken eines Esslöffels vom Knochen schaben. In einer kleinen Pfanne 1 EL Butter schmelzen und die Filets bei geringer Hitze 1 ½–2 Min. von beiden Seiten braten. Speckscheiben und Apfelspalten kurz mitbraten. Mit Fleur de Sel abschmecken, dann alles herausnehmen und warm stellen.

5 Die Sauce kurz aufkochen, 1 EL kalte Butter unterziehen und die saure Sahne so einschwenken, dass sich Schlieren bilden. Die Zwiebeln mit der Sauce flach auf Tellern anrichten. Die Filets schräg aufschneiden, darauflegen und Äpfel, Speck und Thymianzweige dekorativ darüber verteilen.

FÜR 4 PERSONEN
ZUBEREITUNGSZEIT: 1 STD.
PRO PORTION 575 KCAL.

FÜR DEN HASENRÜCKEN
2 Hasenrücken am Knochen à 500 g (vom Metzger die Silberhaut entfernen lassen)
1 EL schwarze Pfefferkörner
3 EL Olivenöl
4 Scheiben fetter Räucherspeck

FÜR DIE PERLZWIEBELN
300 g Perlzwiebeln
1 säuerlicher Apfel
4 Thymianzweige
2 EL Zucker
4 EL Olivenöl
Fleur de Sel
150 ml dunkler Wildfond (oder Kalbsfond)
2 EL kalte Sauerrahmbutter
2 EL saure Sahne

Info

Als Beilage sind mir mehligkochende Salzkartoffeln oder Teigwaren aller Art am liebsten. Wichtig beim Hasenrücken ist das »englische« Vorbraten am Knochen, denn so bleibt er saftig.

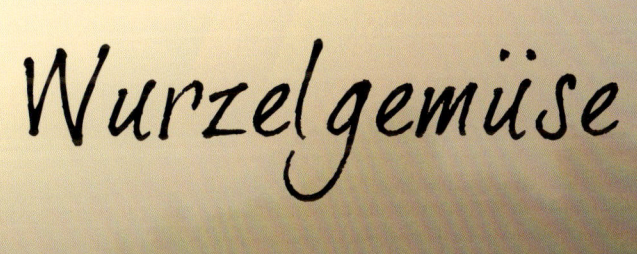

Wurzelgemüse

Möhren, Knollensellerie, Kohlrabi, Rote Bete, Schwarzwurzeln, Steckrüben, Pastinaken, Petersilienwurzeln, Meerrettich, Radieschen und auch Topinambur gehören zur großen Gruppe der essbaren Speisewurzeln und blicken auf eine lange Geschichte zurück.

Rote Beten – ein Klassiker der bodenständigen Küche.

Dass Möhren im südlichen Sprachraum früher noch »gelbe Rüben« waren, weist auf die blassere Farbgebung älterer Sorten hin.

EIN BESUCH BEI DER GÄRTNEREI SCHMID

Die Vielfalt der Wurzelgemüse

Spürt man aktuellen Kochtrends nach, so sind sich Küchenchefs aus aller Welt wenigstens in einer Hinsicht weitgehend einig: Luxus und guter Geschmack wird sich in Zukunft über scheinbar einfache Produkte – diese aber in Top-Qualität – definieren. Als eines der vielseitigsten und zugleich »einfachsten« Produkte gilt die Gruppe der Wurzelgemüse. Möhren, Knollensellerie, Kohlrabi, Rote Bete, Schwarzwurzeln, Steckrüben, Pastinaken, Petersilienwurzeln, Meerrettich, Radieschen und auch Topinambur gehören zur großen Gruppe der essbaren Speisewurzeln und blicken auf eine lange Geschichte zurück.

VOM LUXUS DER EINFACHHEIT

Über Generationen wurde das nährstoffreiche Gemüse unterschätzt und fand allenfalls als Suppengrün Verwendung. Das liegt nicht zuletzt am Image von Sellerie und Möhre als Arme-Leute-Gemüse, das durch sein oftmals merkwürdiges Aussehen noch verstärkt wird: Im Gegensatz zu ihren oberirdisch sprießenden Pflanzenverwandten, die in Form und Farbgebung deutlich vielfältiger und attraktiver sind, sehen Knollen, Wurzeln und Rüben eher unscheinbar, knorrig und beinahe unansehnlich aus. Wie Geschöpfe aus einer anderen Welt. Daher kommen sie natürlich auch. Susanne Schmid, die gemeinsam mit ihrem Mann Werner eine Bioland-Gärtnerei direkt neben den Herrmannsdorfer Landwerkstätten führt, weiß, dass es die krumpeligen Wurzeln in sich haben. Sie sind äußerst robust, gut lagerfähig und behalten dabei auch einen Großteil ihrer Nährstoffe. Und das sind nicht wenige, denn alle Wurzeln sind reich an Vitaminen, Mineralstoffen und Spurenelementen. In ihren Speicherorganen konzentrieren sich alle Inhalts- und Aromastoffe, vor allem bei Arten, die erst im zweiten Jahr erntereif sind. Damit sind Wurzeln & Co vielleicht weniger hübsch, dafür aber nahrhafter als das meiste Blattgemüse, allen voran Tomaten oder Spinat. In Sachen Aromenreichtum stehen sie ihren luftigen Verwandten kaum nach.

Passierte Steckrübensuppe mit Croûtons und Kerbel

1 Die Steckrüben bürsten, schälen und in 2 cm große Würfel schneiden. Schalen beiseitelegen. Zwiebeln schälen, halbieren und in feine Streifen schneiden. Knoblauch in der Schale andrücken. Die Kartoffeln waschen, schälen und in 2 cm große Würfel schneiden. Den Lauch waschen, putzen und in 2 cm große Würfel schneiden. Steckrübenschalen, 1 Prise Salz, 1 Lorbeerblatt in 1,5 l Wasser aufkochen und bei mittlerer Hitze in 20 Min. auf ca. 1,2 l einkochen. Die Brühe durch ein feines Sieb gießen und beiseitestellen.

2 In einem flachen Topf 100 g Butter schmelzen und Zwiebeln und Knoblauch darin bei mittlerer Hitze glasig dünsten. Kartoffeln, Steckrüben und 2 Lorbeerblätter dazugeben und bei geringer Hitze ca. 20 Minuten garen, ohne dass sie Farbe annehmen.

3 Die Gemüsebrühe dazugießen, mit Salz und Pfeffer würzen, dann ca. 1 knappe Std. bei geringer Hitze weich köcheln. Den Topf vom Herd ziehen, die Lorbeerblätter entfernen und die Suppe durch ein Sieb passieren. Mit einem Mixstab sämig pürieren und mit Muskatnuss und Pfeffer abschmecken.

4 Das Brötchen in 2 cm große Würfel schneiden. In einer Pfanne 2 EL Butter schmelzen und die Brötchenwürfel darin goldbraun rösten, herausnehmen und auf Küchenpapier entfetten. Kerbel waschen, trocken schütteln und abzupfen.

5 Die Suppe auf Tellern anrichten und Croûtons darüberstreuen. Jede Portion mit 1 TL saurer Sahne verfeinern und mit reichlich Kerbelblättern bestreuen.

Info

Steckrüben entwickeln erst durch die lange Garzeit ihren feinen Geschmack, was diese Suppe zu einer Delikatesse macht. Als Einlage schmecken beispielsweise Krustentiere sowie gebratene Leber.

FÜR 4 PERSONEN
ZUBEREITUNGSZEIT: 50 MIN.
KOCHZEIT: 1 STD. 20 MIN.
PRO PORTION 370 KCAL.

FÜR DIE SUPPE
1 kg Steckrüben
3 kleine Zwiebeln
½ Knoblauchzehe
150 g Kartoffeln
½ Stange Lauch
Salz
3 Lorbeerblätter
100 g Sauerrahmbutter
schwarzer Pfeffer aus der Mühle
frisch geriebene Muskatnuss
4 TL saure Sahne

FÜR DIE CROÛTONS
1 Brötchen vom Vortag
2 EL Butter
1 Bund Kerbel

Rüben in Verbindung mit Kartoffeln und Lauch ergeben immer hervorragende Geschmacksakkorde. Die volle Entfaltung der Aromen bringt der aus den Schalen zubereitete Gemüsefond.

Möhren mit Lauch und Kürbiskernöl

1 Möhren waschen, schälen und schräg in 5 mm dünne Scheiben schneiden. Die Schalen beiseitelegen. Den Lauch putzen, das Grün abschneiden, die Stange halbieren, waschen und in 6 cm lange Stücke schneiden. Die Lauchstücke anschließend längs in 1 cm breite Streifen schneiden.

2 Lauchgrün und Möhrenschalen mit Salz und 1 Lorbeerblatt in einem Topf mit 750 ml Wasser geben, aufkochen und bei mittlerer Hitze auf ca. 500 ml einkochen. Die Gemüsebrühe durch ein Sieb gießen und beiseitestellen. Petersilie waschen, trocken schütteln und abzupfen.

3 Die Kartoffeln schälen und in 1 cm große Würfel schneiden. Die Schalotte schälen, halbieren und fein würfeln. In einem flachen Topf die Butter schmelzen und die Schalottenwürfel darin glasig dünsten. Möhren und Kartoffelwürfel zugeben. Alles kurz erhitzen und mit der Brühe aufgießen. Mit Salz, Pfeffer und Zucker würzen, dann 1 Lorbeerblatt dazugeben. Zugedeckt ca. 8 Min. bei geringer Hitze köcheln, den Lauch zugeben und offen in ca. 4–5 Min. dünsten. Die Flüssigkeit soll am Schluss weitgehend verdampft und das Gemüse weich sein. Mit Salz und Pfeffer abschmecken. Drei Viertel der Petersilienblätter untermischen.

4 Das Gemüse portionsweise in tiefen Tellern anrichten und mit den Petersilienblättern bestreuen. Mit einem Teelöffel das Kürbiskernöl in dünnen Fäden darüberziehen.

FÜR 4 PERSONEN
ZUBEREITUNGSZEIT: 40 MIN.
PRO PORTION 295 KCAL.

1 kg Möhren
1 kleine Stange Lauch
Salz
2 Lorbeerblätter
1 Bund glatte Petersilie
250 g festkochende Kartoffeln
1 Schalotte
80 g Sauerrahmbutter
schwarzer Pfeffer aus der Mühle
½ TL Zucker
4 TL Kürbiskernöl

Schwarzwurzelgemüse mit roten Zwiebeln und Thymian

1 Die Zitrone auspressen und den Saft in 500 ml Wasser geben. Schwarzwurzeln bürsten, schälen und kurz einlegen. Dann die Enden entfernen und die Wurzeln in 5 cm lange Stücke schneiden. Die roten Zwiebeln schälen und halbieren, mit den Strünken vierteln und achteln.

2 In einem flachen Topf 100 ml Olivenöl erhitzen, die Zwiebeln dazugeben, mit Zucker bestreuen und bei starker Hitze hellbraun karamellisieren. Die Schwarzwurzelstücke einlegen, mit Salz und Pfeffer würzen, Lorbeerblätter dazugeben und ca. 500 ml Wasser angießen. Das Gemüse zugedeckt bei mittlerer Hitze ca. 5 Min. köcheln lassen, dann offen in ca. 10 Min. weich garen. Die Wurzeln sind gar, wenn sie leicht mit einer Gabel einzustechen sind. Sollte der Sud etwas zu sämig sein, noch etwas Wasser einrühren.

3 Die Thymianzweige waschen und trocken schütteln. In einer Pfanne das restliche Olivenöl erhitzen und die Zweige in dem heißen Öl kurz anrösten.

4 Spinat putzen, waschen und von den groben Stielen befreien. Dann unter das Schwarzwurzelgemüse mischen, bis der Spinat etwas zusammenfällt, aber noch seine Struktur behält. Mit Rotweinessig fein abschmecken. Portionsweise auf Tellern anrichten, mit den Thymianzweigen garnieren und das Thymianöl aus der Pfanne darüberträufeln.

FÜR 4 PERSONEN
ZUBEREITUNGSZEIT: 45 MIN.
PRO PORTION 310 KCAL

1 Zitrone
1 kg Schwarzwurzeln
2 rote Zwiebeln
110 ml Olivenöl
1 EL Zucker
Salz, schwarzer Pfeffer aus der Mühle
4 Lorbeerblätter
4 Thymianzweige
200 g Blattspinat
   (am besten Winterspinat)
1 EL Rotweinessig

Info

Mehligkochende, in guter Butter oder Olivenöl geschwenkte Salzkartoffeln runden das Gericht perfekt ab.

Rote Bete im Brotteig mit Meerrettich

1 Mehl, Salz und Butter in eine Schüssel geben. Die Hefe in dem lauwarmen Wasser auflösen, zum Mehl dazugeben und mit dem Handrührgerät mit Knethaken verkneten, bis sich der Teig vom Schüsselrand löst. Den Teig leicht mit Mehl bestäuben, die Schüssel mit einem Küchentuch abdecken und an einem warmen Ort ca. 45 Min. gehen lassen. Eine Arbeitsfläche mit Mehl bestäuben, den Teig darauf mit den Händen durchkneten und eine Kugel formen. Diese in 4 Portionen teilen, kneten und zu 4 Kugeln rollen. Auf einen bemehlten Teller legen, mit einem feuchten Tuch abdecken und noch 30 Min. gehen lassen.

2 Inzwischen die Rote Bete bürsten und das Grün abschneiden. Dabei die Knollen nicht beschädigen, da sonst beim Kochen der Saft herausläuft. Dann in einen Topf legen und mit Wasser bedecken. Salz, Lorbeerblätter und Kümmel dazugeben, aufkochen und bei mittlerer Hitze zugedeckt in ca. 1 Std. weich garen. Im Sud abkühlen lassen, herausnehmen, mit einem Messerrücken leicht schälen und mit Küchenpapier trocken tupfen.

3 Ein Backblech mit 1 EL Olivenöl bepinseln. Die Teigkugeln ca. 1 cm dick zu Quadraten (12 x 12 cm) ausrollen und je 1 Rote Bete daraufsetzen. Die Teigecken nach oben zur Mitte hin einschlagen, zudrücken und mit dieser Seite nach unten auf das Blech setzen. 15 Min. gehen lassen. Den Ofen auf 250° (Umluft 220°) vorheizen. Die Teigkugeln mit etwas Wasser bepinseln und im Ofen (Mitte) in ca. 25 Min. knusprig backen. Dabei nach 12 Min. die Kugeln nochmals einpinseln.

4 Die Meerrettichstange waschen, schälen und fein reiben. Saure Sahne mit Zitronensaft, Fleur de Sel, Pfeffer und dem Meerrettich mit einem Mixstab schaumig pürieren. Schnittlauch waschen, trocken schütteln und fein schneiden.

5 Den Teigdeckel abschneiden und an die Rote Bete legen. Je 1 TL gesalzene Butter über der Roten Bete schmelzen lassen. Portionsweise auf Tellern mit aufgeschäumter saurer Sahne und Schnittlauch anrichten.

FÜR 4 PERSONEN
ZUBEREITUNGSZEIT: 30 MIN.
GEHZEIT: 1 STD. 30 MIN.
GARZEIT: 1 STD.
PRO PORTION 655 KCAL.

FÜR DEN TEIGMANTEL
500 g Mehl
12 g Salz
20 g weiche Butter
5 g frische Hefe
250 ml lauwarmes Wasser

FÜR DIE ROTE BETE
4 mittelgroße junge
  Rote-Bete-Knollen à 100 g
Salz
2 Lorbeerblätter
1 TL Kümmel
1 EL Olivenöl
½ frische Meerrettichstange
300 g saure Sahne
frischer Saft von ½ Bio-Zitrone
1 EL Fleur de Sel
schwarzer Pfeffer aus der Mühle
1 Bund Schnittlauch
4 TL gesalzene Butter

AUSSERDEM
etwas Mehl zum Bestäuben

Info

Beim Backen im Brotteig bleibt das erdige Aroma der Roten Bete unter Verschluss. Erst beim Öffnen entfaltet es dann seinen vollen Geschmack. Meerrettich rundet die Komposition ab.

Rind

Die Erhaltung des Pinzgauer Rindes in Bayern und Österreich sichert ein hochwertiges Lebensmittel von einzigartigem Geschmack. Josef Abinger lässt seinen berühmten Rindern und Ochsen viel Zeit zum Wachsen und Heranreifen.

Wer kann diesem Blick widerstehen?

Auf den Weiden von Ochsenbauer Abinger führen seine Pinzgauer ein geruhsames Leben.

EIN BESUCH BEI JOSEF ABINGER IN BRUCK

Renaissance einer alten Rinderrasse

Erntendankfest in den Herrmannsdorfer Landwerkstätten: Johlende Kinder begrüßen die Ochsen von Josef Abinger, und dann geht es auf dem Fuhrwerk hinunter nach Bruck, unweit von Glonn. Dorthin, wo die braven Tiere, die sich kaum aus der Ruhe bringen lassen, zu Hause sind. Was sie so besonders macht: Es sind Pinzgauer Rinder. Das auf Milch und Fleisch gezüchtete Zweinutzungsrind gehört zu den sogenannten europäischen Höhenviehrassen. Seine Stammheimat liegt im Pinzgau, einer Region rund um den Großglockner im Salzburger Land. Vor über hundert Jahren war diese Rasse auch in der Gegend um Traunstein und Südost-Bayern verbreitet. Durch die traditionelle Haltung im Berggebiet hat sich das Pinzgauer Rind im Lauf der Zeit besonders gut an schwierige Standorte angepasst. Es ist robust, kommt gut in kalten oder sogar hochalpinen Gegenden zurecht und gilt als ausgezeichneter Futterverwerter. Selbst bei einer kargen Weide bringt dieses Rind so eine ordentliche Mastleistung zustande.

Lange Zeit wurden die Ochsen zur Zeit der österreichisch-ungarischen Monarchie deshalb sogar als Dreinutzungsrind geschätzt. So setzte man sie aufgrund ihres gutmütigen Temperaments gerne als kräftige Zugtiere ein. Die sogenannten »Übertäuerer« waren im 19. Jahrhundert aus der Landwirtschaft und aus Brauereien nicht wegzudenken.

KONKURRENZ AUS DER SCHWEIZ

Der große Einbruch in den Bestandszahlen des ehemals so beliebten Rindes folgte dann im Zuge der verstärkten Mechanisierung der Landwirtschaft nach dem Zweiten Weltkrieg. Die Nachfrage nach Zugtieren ging zurück, und die Pinzgauer wurden von Tieren mit höherer Milchleistung verdrängt. Vor allem das Simmentaler Rind, das ursprünglich aus dem Berner Oberland stammende Fleckvieh, sorgte für das Verschwinden des Pinzgauer wie auch des heute wieder vermehrt gezüchteten Murnau Werdenfelser Rindes. Und der Grund dafür ist keinesfalls nur in

Gepökelte Rinderzunge mit rohen Steinpilzen

1 Die Zwiebel schälen und mit 1 Lorbeerblatt und 2 Gewürznelken spicken. Die Rinderzunge in einem großen Topf mit ca. 3 l kaltem Wasser zum Kochen bringen. Zwiebel und Pimentkörner dazugeben und alles ca. 2 Std. 30 Min.–3 Std. köcheln. Dabei den Schaum abschöpfen. Darauf achten, dass die Zunge immer mit Wasser bedeckt ist. Bei der Nadelprobe sollte das Fleisch weich sein. Herausnehmen, in kaltes Wasser legen, dann mit einem Messer die weiße Haut abziehen. Die Zunge zurück in die heiße Brühe geben und warm stellen.

2 Steinpilze putzen und abreiben. Den Friseésalat abzupfen, waschen, trocken schleudern und kalt stellen. Für die Marinade 1 ½ Zitronen auspressen und den Parmesan reiben. In einem hohen Gefäß 100 ml Olivenöl, den Zitronensaft, Kapern, Sardellenfilet, Pfefferkörner und Parmesan mit einem Mixstab pürieren. Estragon waschen, trocken schütteln und abzupfen.

3 Die Steinpilze längs in 2 mm feine Scheiben schneiden. Auf einer großen Platte auslegen und den Friseésalat darüber verteilen. Mit einem scharfen Messer die lauwarme Rinderzunge quer in 2 mm feine Scheiben schneiden oder längs mit einer Aufschnittmaschine. Eine große Platte dünn mit Marinade bepinseln, Zungenscheiben darauf auslegen und ebenfalls einpinseln.

4 Das übrige Olivenöl über den Pilzen und dem Salat verteilen. Salzen, pfeffern und den Saft der ½ Zitrone gleichmäßig darüberpressen. Alles mischen und über den Zungenscheiben verteilen. Mit Estragonblättern bestreuen.

FÜR 4 PERSONEN
ZUBEREITUNGSZEIT
GARZEIT: 2 STD. 30 MIN.–3 STD.
PRO PORTION 715 KCAL

FÜR DIE RINDERZUNGE
½ Zwiebel
1 Lorbeerblatt
2 Gewürznelken
600 g rohe, gepökelte Rinderzunge
 (beim Metzger vorbestellen)
8 Pimentkörner

FÜR DIE STEINPILZE
250 g kleine feste Steinpilze
 (»Champagnerkorken«)
1 gelbes Friseésalatherz
2 Zitronen
40 g Parmesan
150 ml Olivenöl
1 TL Kapern
1 Sardellenfilet
1 TL grüne, eingelegte Pfefferkörner
1 Bund Estragon
Salz, schwarzer Pfeffer aus der Mühle

Info

Nach Belieben können Sie auch Tomatenwürfel (Concassée) darüberstreuen oder noch mehr Kapern. Wichtig beim Kochen der Zunge: Die Haut lässt sich erst dann abziehen, wenn die Zunge richtig weich ist.

Gemüse und Fond der Marinade sollten nicht mehr zum Schmoren verwendet werden, da das gelöste Eiweiss im Sud die Sauce gerinnen lässt. Zu diesem Gericht schmecken Kartoffel-Majoran-Knödel (Seite 111).

Sauerbraten mit Preiselbeeren

1 Staudensellerie und Möhren waschen und schälen. Zwiebeln schälen. Alles in 1 cm dicke Scheiben schneiden. In einem großen Topf 2 l Wasser mit Essig, Zucker, den Gewürzen und dem Gemüse aufkochen, ca. 5 Min. köcheln lassen und dann beiseitestellen. Auf ca. 50° C abkühlen lassen. Die Rinderbacken mit dem heißen Sud übergießen, abkühlen lassen und zugedeckt im Kühlschrank ca. 1 Woche marinieren.

2 Das Fleisch herausnehmen und mit Küchenpapier abtupfen. Möhre und Sellerie schälen und in 2 cm große Würfel schneiden. Zwiebeln schälen und fein würfeln. In einem Bräter 2 EL Olivenöl erhitzen und das Fleisch darin rundum scharf anbraten. Herausnehmen und mit Salz und Pfeffer würzen. Den Ofen auf 200° (Umluft 180°) vorheizen.

3 Im Bratfett den Zucker unter Rühren dunkelbraun karamellisieren. Möhren- und Selleriewürfel dazugeben und anbraten. Tomaten zugeben und anrösten. Mit Mehl bestäuben, gut verrühren und mit Essig ablöschen. Fleischbrühe angießen, aufkochen und das Fleisch einlegen. Lorbeerblätter dazugeben und den Sud mit Fleur de Sel würzen. Zugedeckt im Ofen (Mitte) in ca. 2 Std. 30 Min. weich schmoren. Nach der Hälfte der Garzeit den Deckel abnehmen und unter häufigem Wenden das Fleisch garen. Mit einer Nadel prüfen, ob das Fleisch weich ist, herausnehmen und warm stellen.

4 Die Sauce durch ein feines Sieb in einen Topf gießen. Dabei das Gemüse ausdrücken, aber nicht passieren. Bei mittlerer Hitze sämig einkochen und entfetten. Mit etwas Zucker und Essig abschmecken. In einem kleinen Topf Preiselbeeren und Zucker vermischen und bei geringer Hitze so lange rühren, bis sich der Zucker aufgelöst hat.

5 Das Fleisch gegen die Faser in 2 cm dicke Scheiben schneiden, fächerförmig auf Tellern anrichten und mit Sauce überziehen. Mit saurer Sahne verfeinern und den Preiselbeeren anrichten.

FÜR 4 PERSONEN
ZUBEREITUNGSZEIT: 45 MIN.
MARINIERZEIT: 1 WOCHE
SCHMORZEIT: 2 STD. 30 MIN.
PRO PORTION 1 400 KCAL

FÜR DIE MARINADE
2 Stangen Staudensellerie
2 Möhren
2 Zwiebeln
750 ml Apfelessig
200 g Zucker
8 zerdrückte Wacholderbeeren
8 Pimentkörner
4 Lorbeerblätter
1 TL schwarze Pfefferkörner
1,5 kg Rinderbacken
 (beim Metzger vorbestellen)
FÜR DEN BRATEN
1 Möhre
½ Sellerieknolle
3 Zwiebeln
2 EL Olivenöl
Salz, schwarzer Pfeffer aus der Mühle
100 g Zucker
3 Tomaten (Dose)
1 EL Mehl
100 ml Apfelessig
2 l Fleischbrühe
2 Lorbeerblätter
Fleur de Sel
300 g Preiselbeeren (auch TK)
100 g Zucker
2 EL saure Sahne
AUSSERDEM
Kochthermometer

Ochsenschulter-Ragout in Rotwein

1 Möhren und Sellerie waschen und schälen. Zwiebeln schälen, und mit den Möhren und dem Sellerie in 2 cm große Würfel schneiden. Den Apfel waschen, vierteln, das Kerngehäuse entfernen und die Fruchtviertel würfeln.

2 In einem Bräter 2 EL Olivenöl erhitzen, die Fleischwürfel darin rundum scharf anbraten, herausnehmen und beiseitestellen.

3 Gemüsewürfel im Bräter bei mittlerer Hitze braun rösten, Tomaten dazugeben und auch braun rösten. Mit ca. 50 ml Wasser ablöschen, den Bratensatz lösen und ganz einkochen. Den Vorgang wiederholen. Den Ofen auf 200° (Umluft 180°) vorheizen. Apfelwürfel, ungeschälten Knoblauch, Rindfleischwürfel und Schweinefußscheiben einlegen. Rotwein und Fleischbrühe angießen, bei mittlerer Hitze ca. 10 Min. köcheln und dabei entstehende Trübstoffe abschöpfen. Mit Salz und Zucker würzen. Offen im Ofen (Mitte) in ca. 1 Std. 30 Min. weich schmoren. Die Fleischwürfel herausnehmen und zugedeckt warm stellen. Lorbeerblätter und Pimentkörner in die Sauce geben. Die Schweinefüße noch ca. 45 Min. im Ofen weich schmoren. Herausnehmen und warm stellen.

4 Die Sauce durch ein Sieb in einen Topf gießen, bei mittlerer Hitze sämig einkochen und am Rand entfetten. Mit Salz und Pfeffer würzen. Weizenstärke in wenig kaltem Wasser anrühren und zum Binden in die Sauce geben. Aufkochen und die Butter einschwenken. Die Rindfleischwürfel und Schweinefüße in die Sauce legen und warm stellen.

5 Rosmarin waschen und trocken schütteln. Champignons putzen, entstielen und vierteln. In einer Pfanne den Speck beidseitig kross braten, herausnehmen und warm stellen. Im Fett die Champignons scharf anbraten und pfeffern. Das Fleisch portionsweise auf Tellern anrichten, mit Sauce überziehen und Speckscheiben und Champignons darüber verteilen. Mit einem Stück Rosmarinzweig dekorieren.

FÜR 4 PERSONEN
ZUBEREITUNGSZEIT: 45 MIN.
SCHMORZEIT: 2 STD. 15 MIN.
PRO PORTION 880 KCAL

FÜR DAS RAGOUT
2 Möhren
½ Sellerieknolle
3 Zwiebeln
½ säuerlicher Apfel
2 EL Olivenöl
1,2 kg flache Ochsenschulter (in ca. 5 cm großen Würfeln)
3 geschälte Tomaten (Dose)
2 Knoblauchzehen
8 Schweinefußscheiben à 60 g (je 3 cm dick; beim Metzger vorbestellen)
600 ml kräftiger Rotwein
600 ml Fleischbrühe
Salz
2 EL Zucker
2 Lorbeerblätter
5 Pimentkörner
schwarzer Pfeffer aus der Mühle
1 TL Weizenstärke
1 EL Sauerrahmbutter

FÜR DIE GARNITUR
1 Rosmarinzweig
100 g Champignons
4 Scheiben Frühstücksspeck

Info

Eine Alternative zur Ochsenschulter ist die Wade. Knödel aus gekochten Kartoffeln oder feine Bandnudeln passen gut als Beilage.

Thomas Thielemann überzeugt sich selbst von der Qualität des Fleisches.

Ochsenhochrippe mit Schalotten und Krustenwürfeln

1 Den Ofen auf 170° (Umluft 150°) vorheizen. Den Fettdeckel der Hochrippe nach hinten klappen, das Fleisch salzen und den Deckel wieder auflegen. Mit der Fettseite nach unten in ein tiefes Blech oder einen Bräter legen. Im Ofen (Mitte) 1 Std. garen, wenden und weitere 30 Min. braten. Herausnehmen, den Fettdeckel abschneiden und auf das Blech legen. Die Hochrippe 30 Min. auf der Knochenseite braten. Fettdeckel herausnehmen und abkühlen lassen. Fleisch im Ofen in ca. 45 Min.–1 Std. 15 Min. (je nach Fleisch) bis auf 60° Kerntemperatur fertig garen. Dabei immer wieder mit Bratfett übergießen. Herausnehmen und zugedeckt ruhen lassen.

2 Vom Fettdeckel verbliebene Fleischreste entfernen und in 1 cm große Würfel schneiden. Schalotten schälen und sehr fein würfeln. In einer großen Pfanne die Fettwürfel bei mittlerer Hitze langsam hellbraun braten. Das Fett abgießen, die Schalottenwürfel darin braun rösten. Zucker darüber streuen, leicht karamellisieren und dann die Hälfte der Fettkrusteln und Schalotten auf ein feines Sieb geben. Mit Fleur de Sel würzen und anschließend warm stellen.

3 Den Rest in der Pfanne mit dem Essig ablöschen und verdampfen lassen. Kalbsfond angießen und sämig einkochen. Mit Salz und Pfeffer abschmecken und 1 EL kalte Butter mit dem Portwein einschwenken.

4 Von der Hochrippe die Federknochen nach hinten klappen und entfernen. Die Rippen an den Seiten links und rechts längs einschneiden und aus dem Fleisch ziehen. In einer Pfanne 2 EL Butter erhitzen und darin das Fleisch rundum ca. 2 Min. braten. Herausnehmen und auf einem Holzbrett in ca. 1 cm Scheiben schneiden. Portionsweise mit etwas Sauce auf Tellern anrichten, mit Schalotten, Krusteln und etwas Fleur de Sel bestreuen.

FÜR 4 PERSONEN
ZUBEREITUNGSZEIT: 30 MIN.
BRATZEIT: CA. 2–3 STD.
PRO PORTION 960 KCAL.

3 kg Ochsenhochrippe am Knochen (Fettdeckel vom Metzger bis zu den Federknochen abheben lassen)
Salz
2 Schalotten
½ TL Zucker
Fleur de Sel
1 EL Rotweinessig
250 ml dunkler Kalbsfond
Salz, schwarzer Pfeffer aus der Mühle
3 EL kalte Sauerrahmbutter
1 EL roter Portwein
AUSSERDEM
Bratthermometer

Confiertes Rinder-Kronfleisch mit Frühlingszwiebeln

1 Die Schalotten schälen und vierteln. Die Kartoffeln schälen und vierteln, je nach Größe sechsteln.

2 In einem Bräter 2 EL Olivenöl erhitzen und das Fleisch darin bei mittlerer Hitze rundum scharf anbraten und herausnehmen. Schalotten und Kartoffeln im Bräter anschwitzen, dann 500 ml Olivenöl angießen. Lorbeerblätter und Pimentkörner dazugeben und mit Fleur de Sel und Pfeffer würzen. Aufkochen und bei sehr geringer Hitze und zugedeckt in ca. 2 Std. 30 Min. garen, dabei gelegentlich umrühren. Das Fleisch muss bei der Nadelprobe weich sein. Herausnehmen und warm stellen. Das Gemüse im Sud beiseitestellen.

3 Die Meerrettichstange waschen und schälen. Mit einem Messerrücken von oben nach unten Meerrettichfäden abschaben und beiseitelegen. Petersilie waschen, trocken schütteln und grob schneiden.

4 Die Frühlingszwiebeln waschen, putzen und der Länge nach vierteln. Eine Pfanne erhitzen, den Zucker einstreuen, 2 EL Olivenöl zugeben und den Zucker darin hellbraun karamellisieren. Die Frühlingszwiebeln einlegen, hellbraun braten und anschließend mit Fleur de Sel würzen.

5 Aus dem Olivenölsud Pimentkörner und Lorbeer entfernen. Das Öl abgießen, sodass ein Teil noch Kartoffeln und Schalotten umgibt. Das Gemüse mit einer Gabel grob zerdrücken. Die Petersilie locker unterheben und portionsweise auf Tellern anrichten. Das Fleisch gegen die Faser in 1 cm dicke Scheiben schneiden und darauflegen. Die Frühlingszwiebeln darüber verteilen und mit dem gehobelten Meerrettich dekorieren. Nochmals leicht mit Fleur de Sel bestreuen.

FÜR 4 PERSONEN
ZUBEREITUNGSZEIT: 40 MIN.
GARZEIT: 2 STD. 30 MIN.
PRO PORTION 540 KCAL.

FÜR DAS FLEISCH
4 Schalotten
400 g Kartoffeln
2 EL Olivenöl
800–900 g Kronfleisch (Anglais; beim Metzger vorbestellen)
500 ml Olivenöl
2 Lorbeerblätter
5 Pimentkörner
Fleur de Sel
schwarzer Pfeffer aus der Mühle
½ Meerrettichstange
1 Bund glatte Petersilie

FÜR DIE FRÜHLINGSZWIEBELN
12 Frühlingszwiebeln
1 EL Zucker
2 EL Olivenöl

Info

Beim Confieren, d. h. beim Garen in Fett oder Öl kochen, bleibt immer Fett übrig. Das verwendete Olivenöl eignet sich hervorragend zum Marinieren von Salaten und Gemüsen.

Unter Paillard versteht man dünne Rind- oder Kalbfleischscheiben. Als Beilage schmecken knusprige Bratkartoffeln oder Rösti aus rohen Kartoffeln. Wichtig: Servieren Sie das Gericht nicht eiskalt.

Millimeter-Paillard aus der Ochsenhüfte im Selleriegelee

1 Den Sellerie bürsten, schälen und in 3 mm dünne Scheiben schneiden. In einer großen Pfanne 500 ml Wasser aufkochen. Sellerie einlegen, salzen und pfeffern. Portwein und Apfelessig angießen, Lorbeerblätter dazugeben und zugedeckt in ca. 4–5 Min. bissfest garen. Vom Herd ziehen und den Sellerie noch ca. 15 Min. ziehen lassen. Sellerie und Lorbeerblätter herausnehmen. Den Sud nochmals leicht erhitzen.

2 Die Blattgelatine ca. 5 Min. in kaltem Wasser einweichen. Gut ausdrücken und in dem heißen (nicht kochenden!) Sud auflösen.

3 Die Pfifferlinge putzen, bei Bedarf waschen und durch Küchenpapier abtropfen lassen. Die Schalotte schälen und fein würfeln. In einer Pfanne 2 EL Olivenöl erhitzen und die Schalottenwürfel darin glasig dünsten. Pfifferlinge einlegen, mit Salz und Pfeffer würzen und ca. 2–3 Min. dünsten. Dann in einem Sieb abgießen, dabei den Saft auffangen, zum Selleriesud dazugeben und abkühlen lassen.

4 Die Tomaten waschen, häuten, vierteln und entkernen. Das Fruchtfleisch in 1 cm große Würfel schneiden. Den Schnittlauch waschen, trocken schütteln und fein schneiden.

5 Eine kleine Pfanne stark erhitzen und die Fleischscheiben einzeln in je 1 TL Olivenöl je 10 Sek. von jeder Seite bei starker Hitze rosa anbraten. Sofort herausnehmen, auf Küchenpapier entfetten und auf einer Platte abkühlen lassen. Mit Fleur de Sel und Pfeffer würzen. Auf der Platte im Wechsel Sellerie- und Fleischscheiben anrichten. Pfifferlinge und kalte Tomatenwürfel darüber verteilen. Den Sud darübergießen, kalt stellen und in 30–45 Min. marinieren. Herausnehmen, Schnittlauch und Borretschblüten darüberstreuen und servieren.

FÜR 4 PERSONEN
ZUBEREITUNGSZEIT: 30 MIN.
MARINIERZEIT: 45 MIN.
PRO PORTION 500 KCAL.

FÜR DAS SELLERIEGELEE
1 junge Sellerieknolle, 300 g
Salz, schwarzer Pfeffer aus der Mühle
30 ml weißen Portwein
40 ml Apfelessig
4 Lorbeerblätter
6 Blätter Gelatine

FÜR DIE PFIFFERLINGE
150 g kleine Pfifferlinge
½ Schalotte
2 EL Olivenöl
Salz, schwarzer Pfeffer aus der Mühle
2 reife Tomaten (z. B. Roma)
1 Bund Schnittlauch

FÜR DAS PAILLARD
12 Scheiben Ochsenhüfte (gut gereift und pariert; vom Metzger 3 mm fein geschnitten)
12 TL Olivenöl
Fleur de Sel
12 Borretschblüten

Kohlgemüse

Kaum ein Gemüse ist so variantenreich wie die vielgestaltige Familie der Kohlsorten. Nicht nur was ihr gutes Aussehen anbelangt, auch von den Geschmackserlebnissen haben Grün-, Spitz- oder Rosenkohl eine Menge zu bieten.

Pralle Schönheiten für kalte und warme Tage.

In Bio-Gärtnereien wie bei den Schmids ist nahezu alles Handarbeit.

EIN BESUCH BEI SUSANNE UND WERNER SCHMID IN GLONN

Kohl – ein Gemüse mit Charakter

Im Herbst zeigen sich auf den Gemüsebeeten Weißkohl, Rotkohl, Spitzkohl und ihre Geschwister in ihren verschiedenen Formen und Farben. Als urdeutsch gilt insbesondere der Weißkohl, der gerne zu Sauerkraut verarbeitet wird, was uns im Ausland den spöttischen Beinamen »Krauts« eingebracht hat, – ein Anspielung auf ein Volk, das sich im Gegensatz zu seinen europäischen Nachbarn mit einer Arme-Leute-Küche begnügt. Dabei stammt das Kohlgemüse ursprünglich aus dem Mittelmeerraum und von der Atlantikküste. Seine Beliebtheit als Kulturpflanze wie auch als Heilpflanze reicht bis zu den Ägyptern, Griechen und Römern zurück, wo er in keinem Gemüsegarten fehlen durfte. Schon damals gab es 14 verschiedene Kohlsorten. Bei den alten Griechen ging die Hochschätzung so weit, dass Kohldieben sogar die Todesstrafe blühen konnte. Vermutlich dienten wilde Kohlarten sogar schon den Menschen der Steinzeit als wertvolles Lebensmittel in Herbst und Winter, der bis heute klassischen Saison für Kohl.

ROTKOHL, BLAUKRAUT ODER KAPPES?
Das Gemüse besticht das ganze Jahr über durch Vielfältigkeit: Jede Art hat ihren typischen Geschmack und ihr charakteristisches Aussehen. Nicht zuletzt ist saisonal und frisch gekauftes Kohlgemüse sehr preiswert, relativ einfach anzubauen, dabei ertragreich und lange lagerfähig. Vielleicht war der Mangel an Exklusivität Schuld daran, dass Kohl lange Zeit als Arme-Leute-Gemüse geschmäht wurde. Zeit für eine längst überfällige Trendwende. In der Spitzenküche, in der heute zunehmend auf frische, regionale Zutaten gesetzt wird, ist der Vielseiter nicht wegzudenken.

Neben Kartoffeln, Möhren und Spargel zählt das Kohlgemüse heute zu den am meisten angebauten Sorten in Deutschland. In jeder Region hat er seinen eigenen Namen, in dem sich der jeweilige Dialekt spiegelt: Nennen die Norddeutschen ihren Rotkohl auch Kappes, so verzehren die Bayern gerne Blaukraut zur Gans. Ihren gemeinsamen Kohl-Urahnen – den

Kohlsorten setzen schon auf dem Boden vielgestaltige farbliche Akzente.

Meerkohl – findet man in Deutschland nur noch weit draußen vor der Nordseeküste auf den Felsen von Helgoland sowie an der Ostseeküste. Das historische Gemüse mit seinem an Spargel mit einer leichten Kohlnote erinnernden Aroma findet mittlerweile immer mehr Liebhaber in der Spitzengastronomie. Doch genau wie alle anderen Kohlsorten gehört auch der feine Meerkohl, der traditionell in England und Frankreich angebaut wird, zur Familie der Kreuzblütler (bot. *brassica oleracea*).

VIELSEITER IN FORM UND FARBE

Gemüsegärtner, wie Susanne und Werner Schmid unterscheiden zwischen Blätterkohl (Wirsing, Grün-, Braun- oder Krauskohl bzw. die Grünkohlvarietät Schwarzkohl), Kopfkohl (Weiß- und Rotkohl), Stammkohl bzw. Stängelgemüse (Kohlrabi) und Blütenstandskohl (Brokkoli und Blumenkohl). Im Sommer steht auf ihren Feldern im Voralpenland Kohlrabi, Blumen- und Chinakohl.

Jede Sorte hat dabei ihre Besonderheiten: Beim runden Kopf des Weißkohls handelt es sich aus botanischer Sicht um den gestauchten Spross der Pflanze. Er wird von Blättern gebildet, die von einer feinen, glänzenden Wachsschicht bedeckt sind und vom Farbspektrum her zwischen weißlich grün und grün changieren. Spitzkohl, eine der frühesten Weißkohlsorten im Jahr, gilt als besondere Delikatesse. Er zeichnet sich aus durch zarte Blätter, eine spitz zulaufende Form und ein sehr mildes Kohlaroma. Kohlrabi dagegen entwickelt sich beispielsweise weder aus Blättern noch Blüten, sondern aus dem unteren Teil der oberirdischen Sprossachse. Farblich variiert er zwischen weiß, grün bis hin zu rötlich und rötlich violett. Typisch für seinen Geschmack ist ein mildes bis leicht süßliches Aroma. Bei Blumenkohl und Brokkoli handelt es sich nicht um klassische Kohlsorten. Verzehrt werden hier die fleischig verwachsenen Blütenstiele und -knospen, die so genannte »Blume«. Aufgrund seines vergleichsweise zurückhaltenden Kohlgeschmacks ist insbesondere der Blumenkohl sehr beliebt. In Herbst und Winter haben Wirsing, Weiß- und Rotkohl Hauptsaison. Sauerkraut wird dann im Herbst aus Weiß- oder Spitzkohl hergestellt. Später kommen Rosenkohl und Grünkohl hinzu. Rosenkohl besteht aus als Knospen geernteten Minikohlköpfen. So lassen sich allein durch das jahreszeitliche Angebot an verschiedenen

Kohlsorten und durch eine fantasievolle Zubereitung Abwechslung und Vielfalt in den Speiseplan bringen.

GESCHMACK GEDEIHT AUF GESUNDEN BÖDEN

Alle Kohlsorten brauchen einen gesunden, humus- und stickstoffreichen Boden. Am besten gedeiht Kohl in einer Fruchtfolge nach dem Umbruch eines einjährigen Leguminosengemenges. Grundsätzlich sollte zwischen Kreuzblütlern eine Anbauphase von mindestens vier Jahren eingehalten werden. So kann der gefürchteten Kohlhernie am wirkungsvollsten vorgebeugt werden. Dieser Pilz, der sich im Inneren von Kohlpflanzen vermehrt, kann den Boden zwischen sechs bis zehn Jahren belasten.

So variationsreich die Kohlfamilie auch ist, eine Gemeinsamkeit haben alle: Sie enthalten eine Fülle wertvoller, gesunder Inhaltsstoffe, allen voran die Senföle (Glucosinsulate). Sie bilden sich beim Schnippeln und beim Erhitzen von Kohl. Das Plus beim Rotkohl ist der sekundäre Pflanzenstoff Anthocyan, der für seine typische Färbung sorgt. Er gilt aus gesundheitlicher Hinsicht als besonders wertvoll und sogar den Vitaminen C und E überlegen. Spitzenreiter in Sachen Gesundheit ist allerdings ein ganz besonderer Vertreter der Kohlfamilie, der – wie auch der Rosenkohl – erst durch frostige Temperaturen an Feinheit, Geschmack und Bekömmlichkeit gewinnt: Grünkohl, ein besonders in Norddeutschland geschätztes Gemüse.

GESCHÄTZTER KRAUTKOPF

Kohl schmeckt frisch geerntet am besten, auch wenn er sich gut lagern lässt. Die Schnittstellen am Strunk sollten dann hell, nicht verfärbt oder ausgetrocknet sein. Bei Sorten wie Wirsing oder Blumenkohl sollte die Farbe der äußeren Blätter ein frisches Grün aufweisen und die Blätter selbst sollten knackig sein. So er nicht roh als Salat verzehrt wird, wird Kohl traditionell in reichlich Fett angedünstet, um so seinen Geschmack zu entfalten. Die in ihm enthaltenen fettlöslichen Inhaltsstoffe können so vom Körper auch gut verwertet werden. Wichtig bei jeder Kohlsorte, die warm zubereitet wird, ist eine nicht zu lange Garzeit. Die grünen Kohlsorten behalten so ihre schöne, frische Farbe. Und auch die im Kohl enthaltenen Schwefelverbindungen, die für einen eher unangenehmen Geruch sorgen, können so nicht freigesetzt werden. Dann mag auch das inbrünstige Bekenntnis des jungen Werthers zum Kohl gelten, dass Goethe seiner berühmten Romanfigur in den Mund legte: »Wie wohl ist mir's, dass mein Herz die simple, harmlose Wonne des Menschen fühlen kann, der ein Krauthaupt auf seinen Tisch bringt, das er selbst gezogen.«

Markenzeichen aller Kohlsorten: feste Köpfe mit viel Inhalt.

Blumenkohl mit warmer Vinaigrette und Shiitake-Pilzen

1 Zwiebel schälen und fein würfeln. Vom Blumenkohl die Blätter abziehen und den Strunk großzügig abschneiden. Den Ofen auf 200° (Umluft 180°) vorheizen.

2 In einem Bräter 3 EL Olivenöl erhitzen, den Blumenkohl darin anbraten und herausnehmen. Die Zwiebeln im Bräter glasig andünsten. Gemüsebrühe, Essig und 150 ml Olivenöl dazugeben und aufkochen. Lorbeerblatt und Chilischote einlegen und den Sud mit Zucker und etwas Salz würzen. Die Blumenkohlköpfe in den Bräter setzen und zugedeckt im Ofen (Mitte) ca. 30 Min. schmoren. Dann offen weitere 15 Min. schmoren, bis der Blumenkohl weich und goldbraun ist.

3 Inzwischen die Pilze waschen, trocken tupfen, entstielen und in feine Scheiben schneiden. Die Frühlingszwiebeln waschen, putzen, das Grün abschneiden und beiseitelegen. Dann der Länge nach vierteln. Die Tomaten häuten, das Fruchtfleisch vierteln und entkernen. Die Viertel in 1 cm große Würfel schneiden. Den Dill waschen, trocken schütteln und fein schneiden. In einer Pfanne 1 EL Olivenöl erhitzen und die Frühlingszwiebeln darin hellbraun anbraten. Pilze zugeben und mitdünsten. Mit Salz und Pfeffer würzen und beiseitestellen.

4 Den Blumenkohl herausnehmen und warm stellen. Den Sud im Bräter nicht zu sämig einkochen. Lorbeerblatt und Chilischote entfernen und die Vinaigrette warm stellen. Blumenkohlköpfe halbieren und auf Tellern anrichten. Pilze und Frühlingszwiebeln locker darüber verteilen. Tomaten und drei Viertel des Dills in die Vinaigrette geben, kurz mischen und sofort über den Blumenkohl geben. Mit dem übrigen Dill garnieren.

FÜR 4 PERSONEN
ZUBEREITUNGSZEIT: 40 MIN.
SCHMORZEIT: 45 MIN.
PRO PORTION 520 KCAL

2 kleine Blumenkohlköpfe, à ca. 400 g
FÜR DIE VINAIGRETTE
1 Zwiebel
3 EL Olivenöl
300 ml Gemüsebrühe
70 ml Apfelessig
150 ml Olivenöl
1 Lorbeerblatt
1 Chilischote
1 EL Zucker
Salz
FÜR DIE SHIITAKE-PILZE
150 g Shiitake-Pilze
12 Frühlingszwiebeln
2 Tomaten (z. B. Roma)
1 Bund Dill
1 EL Olivenöl
schwarzer Pfeffer aus der Mühle

Info

Gehobelter Hartkäse wie Parmesan, Pecorino oder Sbrinz und geröstetes Weißbrot passen hervorragend zu diesem Gemüsesalat. Die Zubereitung eignet sich für viele Wurzelgemüse und Artischocken.

Besonders *Spitz-* oder *Weisskohl* entfaltet beim Braten seinen Geschmack besonders gut. Servieren Sie dieses Gericht als vegetarische Hauptspeise oder als Beilage zu einem Braten.

Spitzkraut mit Pfifferlingen und Petersiliencreme

1 Die Petersilie waschen, trocken schütteln und abzupfen. Ein paar Blätter zum Garnieren beiseitelegen. Petersilie, 100 ml Olivenöl, Kapern, Sardellenfilet und etwas Pfeffer in einem hohen Gefäß mit einem Mixstab zu einer glatten Masse pürieren. In eine Schüssel gießen, mit einem Schneebesen die Eigelbe nacheinander einrühren und beiseitestellen.

2 Vom Spitzkraut die äußeren Blätter entfernen, dann waschen und vierteln – den Strunk nicht entfernen! Die Pfifferlinge gründlich putzen. Die Schalotte schälen und fein würfeln. Die Tomaten häuten, die Stielansätze entfernen, vierteln und entkernen. Das Fruchtfleisch fein würfeln.

3 In einem Bräter 5 cl Olivenöl erhitzen, die Krautviertel nebeneinander mit einer Schnittseite nach unten einlegen und goldbraun anbraten. Dann wenden, mit Salz, Pfeffer und Kümmel würzen. Zugedeckt ca. 15 Min. bei mittlerer Hitze braten. Bei Bedarf ca. 100 ml Gemüsebrühe zugießen. Nach 5 Min. Schalottenwürfel und Pfifferlinge über dem Kraut verteilen und zugedeckt ca. 5 Min. weitergaren.

4 Spitzkraut und Pfifferlinge mit Salz und Pfeffer abschmecken. Portionsweise auf Tellern anrichten. Mit den Tomatenwürfeln und Petersilie garnieren und der Petersiliencreme servieren.

FÜR 4 PERSONEN
ZUBEREITUNGSZEIT: CA. 45 MIN.
PRO PORTION 440 KCAL.

FÜR DIE PETERSILIENCREME
2 Bund glatte Petersilie
100 ml Olivenöl
1 TL Kapern
½ Sardellenfilet
schwarzer Pfeffer aus der Mühle
2 Eigelbe
FÜR DAS SPITZKRAUT
2 junge Spitzkrautköpfe (1 kg)
300 g kleine Pfifferlinge
1 Schalotte
2 Tomaten
50 ml Olivenöl
Salz, schwarzer Pfeffer aus der Mühle
½ TL gemahlener Kümmel
100 ml Gemüsebrühe

Rosenkohl-Terrine mit Tomaten

1 Vom Rosenkohl die äußeren Blätter abziehen, putzen, Strünke abschneiden, waschen und die Röschen vierteln. Schalotten und Knoblauchzehe schälen und sehr fein würfeln.

2 In einer großen Pfanne die Butter schmelzen und Schalotten und Knoblauch darin glasig dünsten. Den Rosenkohl zugeben, mit Salz, Pfeffer und etwas Muskatnuss würzen. Dann 300 ml Wasser angießen und den Rosenkohl zugedeckt bei mittlerer Hitze in ca. 25 Min. weich dünsten. Dann den Topfinhalt in ein hohes Gefäß füllen, mit dem Mixstab fein pürieren und durch ein feines Sieb streichen.

3 600 g Rosenkohlpüree in eine Schüssel geben, Eier, Eigelbe und saure Sahne unterrühren. Mit Salz, Pfeffer und Muskatnuss abschmecken. Die Tomaten häuten, vierteln, dabei die Kerne entfernen. Den Backofen auf 110° (Umluft 90°) vorheizen.

4 Eine Terrinenform mit Klarsichtfolie auslegen. Das Rosenkohlpüree ca. 1,5 cm hoch einfüllen und glatt streichen. Ein Drittel der Tomaten gleichmäßig darauf verteilen und mit einer ca. 1 cm hohen Schicht Rosenkohlmasse bestreichen. Diesen Vorgang noch zweimal wiederholen. Mit Rosenkohlpüree abschließen, mit Klarsichtfolie abdecken und im Ofen (Mitte) in ca. 1 Std. pochieren. Herausnehmen und die fertige Terrine 10 Min. in der Form ruhen lassen.

5 60 g Butter in einem kleinen Topf schmelzen lassen und mit einem Schneebesen verrühren, bis sie hellbraun ist. Dann vom Herd ziehen. Den Meerrettich bürsten, dünn schälen und mit einem Messerrücken von oben nach unten Fäden abschaben.

6 Die Terrine auf ein Brett stürzen, die Folie entfernen und in 3 cm dicke Scheiben schneiden. Die Scheiben auf Tellern anrichten, mit der braunen Butter überziehen und geschabten Meerrettich darübergeben. Mit Thymian garnieren.

FÜR 8 PERSONEN
ZUBEREITUNGSZEIT: 1 STD.
GARZEIT: CA. 1 STD.
PRO PORTION 290 KCAL.

FÜR DIE TERRINE
1 kg Rosenkohl
2 Schalotten
1 Knoblauchzehe
2 EL Sauerrahmbutter
Salz, schwarzer Pfeffer aus der Mühle
frisch geriebene Muskatnuss
5 Eier
3 Eigelbe
600 g saure Sahne
6 Tomaten (z. B. Roma)
ZUM ANRICHTEN
60 g Sauerrahmbutter
½ Stange Meerrettich
AUSSERDEM
Thymianzweige zum Garnieren
Springform (ø 28cm)

Info

Die Terrine ist eine ideale Beilage zu schonend gegarten Süß- oder Salzwasserfischen sowie Krustentieren.

Schwarzkohl ist eine Grünkohlvarietät und wird wie dieser zubereitet.

Schwarzkohl mit Kartoffel-Steckrüben-Gemüse und Räucherspeck

1 Den Schwarzkohl waschen, Blätter abziehen und die Strünke herausschneiden. Die Blätter halbieren und in 3 cm breite Streifen schneiden. Die Zwiebeln schälen, halbieren und mit Strünken in 1 cm große Spalten schneiden. Die Kartoffeln waschen, schälen und in 2 cm große Würfel schneiden. In kaltes Wasser legen und beiseitestellen. Die Steckrübe schälen und ebenfalls in 2 cm große Würfel schneiden.

2 Schwarzkohlblätter ca. 4 Min. in kochendes Salzwasssser geben, abgießen, kalt abschrecken und abtropfen lassen.

3 In einem Bräter das Olivenöl erhitzen und die Zwiebelspalten darin glasig dünsten. Kartoffel- und Steckrübenwürfel dazugeben und 1 Min. mitbraten. Schwarzkohlblätter darüber verteilen und mit der Gemüsebrühe auffüllen. Aufkochen und die ganzen getrockneten Tomaten einlegen. Die Knoblauchzehe andrücken und dazugeben. Mit Salz, Zucker und Pfeffer würzen und bei mittlerer Hitze zugedeckt ca. 45 Min. köcheln. Dabei regelmäßig umrühren. Nach 10 Min. Garzeit die Lorbeerblätter einlegen und wieder abdecken. Nach Garzeitende sollten die Kartoffeln leicht zerfallen. Mit Pfeffer abschmecken.

4 Das heiße Gemüse flach auf einer Servierplatte anrichten. Die Speckscheiben flach darüberlegen und glasig werden lassen. Den Hartkäse großzügig darüberhobeln.

FÜR 4–6 PERSONEN
ZUBEREITUNGSZEIT: XX MIN.
PRO PORTION 475 KCAL.

1 kg Schwarzkohlblätter
3 Zwiebeln
300 g festkochende Kartoffeln
1 kleine Steckrübe (ca. 300 g)
Salz
100 ml Olivenöl
600 ml Gemüsebrühe
8 getrocknete Tomaten (Glas)
1 Knoblauchzehe
½ TL Zucker
schwarzer Pfeffer aus der Mühle
2 Lorbeerblätter
150 g fetter Räucherspeck
 (1 mm dünn geschnitten)
100 g Hartkäse (z. B. Sbrinz)

Info

Die Kartoffel macht den Olivenölsud sämig und dient auf diese Weise als Bindeglied zwischen den verschiedenen Aromen.

Die Produzenten

Spargel
Gerhard Kügler
Schlossplatz 3
85309 Pörnbach
Tel.: 0 84 46-12 16

Kräuter
Essbare Landschaften GmbH
Gutshaus Boltenhagen
18516 Süderholz
Tel.: 03 83 26-53 57 80
www.essbare-landschaften.de

Lamm
Josef Huber
Sensau 3185643 Steinhöring
Tel.: 0 80 94-14 90
huber.sensau@t-online.de

Forelle
Birnbaum's Fischzucht
Nikolai Birnbaum
Am Schwallberg 1
86929 Epfenhausen
Tel.: 0 81 91-98 92 00
www.fischzucht-birnbaum.de

Schwein & Huhn
Herrmannsdorfer Landwerkstätten
Herrmannsdorf 7
85625 Glonn
Tel.: 0 80 93-90 94-0
www.herrmannsdorfer.de

Kartoffel
Biohof Fröschl
Schollenweg 12
84056 Niedereulenbach
Tel.: 0 87 81-16 32
www.biohof-froeschl.de

Apfel/Streuobst
Obstkelterei van Nahmen KG
Peter van Nahmen
Diersfordter Straße 27
46499 Hamminkeln
Tel.: 0 28 52-53 35
www.vannahmen.de

Wild
Freiherr Franz Riederer von Paar zu Schönau
Gutshof Polting
84389 Postmünster
Tel.: 0 87 26-13 14
www.gutshof-polting.de

Wurzelgemüse & Kohl
Susanne und Werner Schmid
Herrmannsdorf 1a
85625 Glonn
Tel.: 0 80 93-43 33
www.bio-gärtnerei-schmid.de

Rind
Josef Abinger
Bruck 22
85567 Bruck
Tel.: 0 80 92-35 10

Das Wirtshaus zum Herrmannsdorfer Schweinsbräu
Herrmannsdorf 7
85625 Glonn
Tel 0049 (0) 80 93 – 90 94 45
Fax 0049 (0) 80 93 – 90 94 10
E-Mail: wirtshaus-schweinsbraeu
@herrmannsdorfer.de
www.schweinsbraeu.de

Das Register

Apfel-Hefeteig-Krapfen 149
Äpfel, Boskop-, mit Salatherzen und Kürbiskernen 141
Apfelragout, karamellisiertes, mit saurer Sahne 143
Apfelscheibchen mit Kresse, Schinken und Pecorino 145

Blumenkohl mit warmer Vinaigrette und Shiitake-Pilzen 213

Forelle mit Lauchgemüse und Zitronen-Jus 77
Forelle, Bach-, roh marinierte, mit Meaux-Senf und Blattspinat 73
Forelle, gegrillte, mit Lardo 79
Forellentatar mit rohen Steinpilzen 75

Gockel, gebratener Bauerngockel 93
Gockelkeulen auf Schmorgemüse 97
Grüne Sauce 39
Grünkohl mit Hokkaidokürbis-Püree und Pecorino 215

Hasenrücken mit glasierten Perlzwiebeln und Äpfeln 163
Hühnerbrust mit Kartoffelkruste 95
Hühnerherzen-Confit mit Kartoffeln und Rosenkohl 91
Hühnerlebern und -flügeln, Variationen von 89

Kartoffeln, gemischte, mit Blattspinat und Lauch 107
Kartoffel-Crêpinettes mit Pfifferlingen 115
Kartoffel-Majoran-Knödel mit Champignons 111

Kartoffelsalat mit Radieschen und Rauke 35
Kartoffel-Sellerie-Tartes mit Saiblingskaviar 113
Kartoffel-Wurzel-Gemüse mit Apfelessig 109
Knollensellerie mit Kartoffeln, Lachs und Estragon 179
Kressesuppe mit Gänseblümchen 43

Lammbrust, gefüllte, auf Gemüsebett 55
Lammfilets mit Bohnen und saurer Sahne 57
Lammkarree mit Meerrettichkruste 53
Lammkeule mit Pilz-Kräuter-Füllung 63
Lammleber im Kräuternetz 59
Lammschulter-Frikassee mit Tomaten und Estragon 61

Meerrettichgemüse mit Ochsenrippe und Schmelzzwiebeln 183
Möhren mit Lauch und Kürbiskernöl 175

Ochsenhochrippe mit Schalotten und Krustenwürfeln 199
Ochsenhüfte im Selleriegelee, Millimeter-Paillard 203
Ochsenschulter-Ragout in Rotwein 197

Rehschulter mit Linsen und Wurzeln 159
Rinder-Kronfleisch, confiertes, mit Frühlingszwiebeln 201
Rinderzunge, gepökelte, mit rohen Steinpilzen 193

Rosenkohl-Terrine mit Tomaten 219
Rote Bete im Brotteig mit Meerrettich 181

Sauerampfer-Grünkern-Risotto 41
Sauerbraten mit Preiselbeeren 195
Schwarzkohl mit Kartoffel-Steckrüben-Gemüse und Räucherspeck 221
Schwarzwurzelgemüse mit roten Zwiebeln und Thymian 177
Schweinebäckchen in Sellerie-Portwein-Sauce 125
Schweinebauch mit Honigglasur auf grünen Bohnen 129
Schweinegulasch aus der Haxe 131
Schweinemett, angebratenes, mit Senfgurken und Dill 127
Spargel im roten Mangoldblatt 19
Spargel, grüner, mit Zwiebel-Tomaten-Marinade 21
Spargel-Coulis mit Artischocken 23
Spargelsalat auf Kartoffeltarte mit Zitronenfilets 17
Spargelsalat, süßsaurer, mit Spitzmorcheln 25
Spitzkraut mit Pfifferlingen und Petersiliencreme 217
Spitzkrautpäckchen mit Apfel-Kartoffel-Füllung und Minze 147
Steckrübensuppe, passierte, mit Croûtons und Kerbel 173
Suppe, klare, mit Kräuter-Biskuit 37

Wildente, Zweierlei von der, mit Lardo und Pilzen 161

Impressum

Der Autor
Thomas Thielemann besuchte die Steigenberger Hotelfachschule in Bad Reichenhall und absolvierte eine Kochlehre im Frankfurter Hof. Weitere Stationen führten ihn nach Osaka und Tokio; dann arbeitete er als Sous-Chef bei Karl Ederer im Münchner Glockenbach und als Küchenchef in der Historischen Schlossmühle in Horbruch, bevor er sich 1993 mit dem Wirtshaus zum Herrmannsdorfer Schweinsbräu in Glonn bei München selbstständig machte. Seine Philosophie: Regionale Zutaten von ausgezeichneter Qualität so verarbeiten, dass der Eigengeschmack unverfälscht zur Geltung kommt.

Der Fotograf
Klaus-Maria Einwanger setzt in seiner food art factory im Süden von München Food-Themen mal stylisch, mal emotional um und schafft eine Atmosphäre, die Lust auf mehr macht. Für das Buch ›Himmel auf Erden‹ fotografierten er und Tony Maier die stimmungsvollen Reportagen quer durch ganz Deutschland mit großer Unterstützung aller Beteiligten. Die außergewöhnlichen Food-Aufnahmen entstanden im Studio Rosenheim. Das wunderbare Foodstyling übernahmen dabei Monika Schuster und Anka Köhler. Rund um Ausstattung, Styling und Requisite bewies Alexandra Holzer Ideenreichtum und ein kreatives Händchen.

Idee, Konzeption und Projektleitung: Stephanie Wenzel
Texte und Lektorat: Anna, Cavelius, Schondorf
Korrektorat: Micha Gallé
Bildnachweis: Klaus-Maria Einwanger
Umschlag und Gestaltung: independent Medien-Design, Horst Moser, München
Herstellung: Renate Hutt
Satz: Maren Gehrmann, Germering
Repro: Longo AG, Bozen
Druck: Firmengruppe APPL, aprinta druck, Wemding
Bindung: Firmengruppe APPL, m.appl GmbH, Wemding

ISBN 978-3-8338-1476-1

1. Auflage 2010

Syndication:
www.jalag-syndication.de

Ein Unternehmen der
GANSKE VERLAGSGRUPPE

Unsere Garantie
Alle Informationen in diesem Ratgeber sind sorgfältig und gewissenhaft geprüft. Sollte dennoch einmal ein Fehler enthalten sein, schicken Sie uns das Buch mit dem entsprechenden Hinweis an unseren Leserservice zurück. Wir tauschen Ihnen den GU-Ratgeber gegen einen anderen zum gleichen oder ähnlichen Thema um.

Liebe Leserin und lieber Leser,
wir freuen uns, dass Sie sich für ein GU-Buch entschieden haben. Mit Ihrem Kauf setzen Sie auf die Qualität, Kompetenz und Aktualität unserer Ratgeber. Dafür sagen wir Danke! Wir wollen als führender Ratgeberverlag noch besser werden. Daher ist uns Ihre Meinung wichtig. Bitte senden Sie uns Ihre Anregungen, Ihre Kritik oder Ihr Lob zu unseren Büchern. Haben Sie Fragen oder benötigen Sie weiteren Rat zum Thema? Wir freuen uns auf Ihre Nachricht!

Wir sind für Sie da!
Montag–Donnerstag: 8.00–18.00 Uhr;
Freitag: 8.00–16.00 Uhr
Tel.: 0180-5 00 50 54*
Fax: 0180-5 01 20 54*
E-Mail:
leserservice@graefe-und-unzer.de

*(0,14 €/Min. aus dem dt. Festnetz/ Mobilfunkpreise maximal 0,42 €/Min.)

P.S.: Wollen Sie noch mehr Aktuelles von GU wissen, dann abonnieren Sie doch unseren kostenlosen GU-Online-Newsletter und/oder unsere kostenlosen Kundenmagazine.

GRÄFE UND UNZER VERLAG
Leserservice
Postfach 86 03 13
81630 München